DES

BEAUX-ARTS

DANS

LA POLITIQUE

DES

BEAUX-ARTS

DANS LA POLITIQUE

PAR

GEORGES DUFOUR

Avocat, Attaché au Cabinet du Ministre des Finances.
Officier d'Académie

AVEC UNE

PRÉFACE PAR ARSÈNE HOUSSAYE

PARIS

L. LACHAUD & Cie, ÉDITEURS

4, place du Théâtre-Français, 4

—

1875

PRÉFACE

I

Le sentiment de l'art dans la littérature
est une conquête du génie moderne.
On disait aussi autrefois : *Ut pictura
poesis,* mais on ne peignait pas, comme aujour-
d'hui, avec la science du coloris, avec le charme
des nuances. Seuls les hommes hors ligne étaient,
dans leurs œuvres, poëtes et peintres.

Il ne faut pas encore, d'ailleurs, crier victoire;
le nombre des initiés est restreint : c'est la faute
de l'instruction publique. Plus d'un ministre m'a-
vait promis d'imposer le dessin dans les lycées;

mais les gens de l'Université semblent ne pas se douter que le dessin est aussi une écriture, une écriture universelle qui parle de tout, qui donne plus de raison à la raison et plus de poésie à la poésie. On pourrait même dire que l'amour de la ligne rectifie le jugement, qui va plus droit son chemin. On n'a jamais connu un peintre au bagne.

Le sentiment de l'art ouvre à la fois les yeux corporels et les yeux de l'âme. Les initiés seuls voient bien le spectacle du monde réel et du monde idéal. Entr'ouvrir la porte d'or aux enfants de l'atelier de Raphaël, de Michel-Ange, de Léonard de Vinci, c'est leur montrer Dieu dans les dieux de la peinture, c'est leur dire que l'homme est né grand s'il garde la volonté; c'est donner à leur jeune esprit un rayon qui colorera toute leur vie.

Les professeurs se récrieront : « Et traduire « Homère, Virgile, Dante, Shakespeare, Gœthe, « n'est-ce donc pas initier les écoliers au grand et au « beau ? » Non, il faut aux enfants un spectacle du grand et du beau plus saisissable; il faut qu'ils le touchent des yeux et de la main. Et d'ailleurs, à part quelques élus, ils n'apprendront jamais l'art d'écrire, parce qu'ils ne savent pas l'art de peindre : *ut pictura poesis.*

Le beau est le rayonnement du bien ; le beau est l'arche qui sauvera le monde ; mais cette arche est destinée à flotter longtemps presque inaperçue dans un déluge sans arc-en-ciel.

La grande question, à cette heure, est la vérité dans l'art : or qu'est-ce que la vérité dans l'art ?

La dispute des *idéalistes* et des *réalistes* n'est pas nouvelle. Je ne ferai à ces derniers qu'une objection : « Si vous ne me présentez que ce qui « est, sans les rayonnements de l'art et les reflets « de l'infini comme Rembrandt, ce grand amoureux « de la Vérité et non du Réel, pourquoi voulez- « vous que je vous lise ? Tout est un spectacle, sans « doute ; mais j'aime mieux voir ce spectacle sur le « théâtre de la vie que dans vos ouvrages. Qui « m'assure qu'à votre insu, vous n'avez point altéré « les traits de vos modèles ? Je ne me sens aucune « inclination à devenir amoureux sur la foi d'une « photographie. Vous aurez beau m'affirmer que la

« lumière et l'ombre ont joué d'elles-mêmes, que
« votre héroïne s'est fixée comme dans un miroir,
« je vous croirai et j'admirerai volontiers votre
« adresse; mais si, par aventure, votre beauté est
« belle, je vous demanderai à voir la femme. »

En face d'un point de vue si limité, je crois que
je préfère l'exagération contraire. Des philosophes ont prétendu que l'homme seul existait, et
que la nature était un rêve et une illusion. Sans
aller jusque-là, on peut bien soutenir que chacun
de nous décompose le monde extérieur avec l'ensemble de ses facultés et de ses sentiments. Pour
le chasseur, l'oiseau est une proie; pour le savant,
c'est un squelette; pour le laboureur, c'est un
ennemi qui mange le grain; pour le poëte, c'est
un chanteur ailé; pour l'amoureux, c'est un souvenir harmonieux. Le paysage chante avec le
paysagiste. Tous les tableaux visibles sont des
semences d'idées qui mûrissent dans la tête ou
dans le cœur de l'homme. Décrire pour décrire,
à quoi bon? Les images ne sont pas des ressem-
blances; elles ont passé par la lanterne magique
de notre souvenir; elles se sont transformées au

contact de nos sentiments les plus intimes. La campagne que je vois seul n'est plus celle que je vois à deux. Le coucher du soleil que je contemple avec un rayon d'espérance dans l'âme ne ressemble point à celui que je considère un jour de désenchantement. Dans le premier cas, ce soleil me dit : *Au revoir!* Dans le second, il me dit : *Adieu!* Où trouver en tout cela rien de réel? Ma fantaisie n'est-elle pas à plus juste droit une vérité? Elle s'enivre de la nature, mais sans l'intention brutale de la calquer.

La nature est bien la source où se régénère la poésie aux époques de doute et de découragement; c'est là que cette sublime malade doit aller prendre les eaux, mais comme la muse de Jean-Jacques et de George Sand.

Une scène des Alpes ou du Berry, peinte par Jean-Jacques ou George Sand, me touche, sans que j'aie les moyens de constater à quel point la réalité s'y trouve; c'est que derrière la profondeur des lignes de verdure et l'élévation des montagnes, je sens la profondeur et l'élévation plus solennelles encore d'une grande âme.

Ce que j'ai dit de la nature, je le dirai à plus forte raison de la société. Rendre avec exactitude quelques détails ne sera jamais qu'un accessoire dans le tableau de la vie humaine. Si je m'émeus à la vue de tableaux où l'intérieur d'une famille est saisi sur le vif, c'est que j'y respire en outre l'âme de la maison et le parfum d'un sentiment familial. Les procédés du moulage et du daguerréotype, appliqués aux lettres, ont donc le tort de rétrécir singulièrement le point de vue. Un bourgeois décalqué avec soin dans ses habitudes domestiques, ses mœurs et ses occupations familières, est un homme, ce n'est pas l'homme.

Donc, en face de la vérité, il faut l'art; donc, en face du réalisme, il faut l'idéal. Aujourd'hui, tous les esprits sérieux ont compris que cette alliance intime faisait la force du poëte comme la force du peintre, la force de l'idée comme la force de la forme. C'est une grande conquête du XIXᵉ siècle que d'avoir imprégné la littérature du sentiment de l'art. Pour tout écrivain qui étudie, il n'y a pas seulement la bibliothèque, il n'y a pas seulement la nature, il n'y a pas seulement la société, il y a le musée.

Un homme qui sait voir un tableau sait mieux voir le tableau du monde.

II

C'est l'opinion de M. Georges Dufour, qui, dans son *Étude sur les Beaux-Arts dans la Politique*, veut un art spiritualiste, un art qui parle haut de la Religion et du Devoir. Les pipes culottées et les chapeaux mous de l'atelier vont se récrier. L'art, diront-ils, c'est une palette et non une théorie. Et voilà qu'ils auront dit une bêtise de plus. La palette est une esclave comme la rime, et elle doit obéir à la pensée. Les œuvres des grands maîtres crient cette vérité. Mais, diront les réalistes, Teniers, Ostade, Brauwer, ne sont donc pas des peintres? Oui, ce sont des peintres; mais leur réalisme conte l'histoire intime de leur pays et de leur temps. A chacun selon ses forces. Ce que je n'accepterai jamais, c'est qu'un chaudron de Chardin ou de Vollon soit une œuvre d'art : ce n'est qu'une œuvre d'artiste.

O Greuze! la critique, ardente ou paradoxe,
Condamne la pensée en tes tableaux charmants;
Mais avec Diderot, ton critique orthodoxe,
Tu réponds aux railleurs : l'Art aime les romans.

Depuis les hauts sommets de Zeuxis et d'Apelle,
Jusques aux chevalets des artistes flamands,
L'Art a toujours pensé parce que l'Art rappelle
Dieu sculptant et peignant mondes et firmaments.

O peintre romancier, en ta fraîche odyssée,
Quand tu cueilles les fleurs de la virginité,
Avec tant d'innocence et tant de volupté,

J'aime mieux l'idéal de ta cruche cassée,
Qu'un chaudron de Chardin, chef-d'œuvre sans pensée.
C'est par l'âme qu'il faut chercher la vérité.

Certes, ce n'est pas Greuze que nous choisirons pour donner les leçons du grand art : Greuze n'est, dans la peinture, qu'un joli faiseur de contes moraux; mais, tel qu'il est, il parle mieux que Chardin, parce qu'il parle à l'esprit. Non pas que je dédaigne Chardin, mais je lui reproche d'avoir peint trop de natures mortes quand il pouvait si bien peindre la nature vivante.

Le Salon de 1874 sera une date, parce que, pour la première fois depuis longtemps, la peinture spiritualiste l'emporte sur la peinture matérialiste. Pour ne citer qu'une œuvre hors ligne, le *Gloria victis!* de M. Mercier, ne proclamait-il pas bien haut la fière supériorité de la pensée dans l'art? Et, si je cite une œuvre de la sculpture, c'est qu'il est plus difficile à un sculpteur qu'à un peintre de faire rayonner le sentiment. Aussi nous félicitons M. Georges Dufour d'avoir apprécié cette heureuse renaissance du grand art.

« Notre école de figure, dit-il, paraît se préoc-
« cuper surtout, aujourd'hui, de l'expression. La
« psychologie a inspiré les artistes et les a pous-
« sés dans une voie meilleure. Sans négliger la
« vérité, ils se sont montrés un peu moins les
« esclaves du réalisme, et la pensée y a gagné.
« Que doit faire, en effet, le peintre de figures,
« tel que nous le comprenons? Il doit chercher à
« représenter une idée, et pour cela il faut d'a-
« bord en avoir une; ce qui n'est pas donné à
« tout le monde. Il est beaucoup de gens, en
« effet, qui ont seulement étudié à fond l'ana-

« tomie, cette science qui nous fait connaître l'ar-
« chitecture du corps humain. Représentent-ils
« quelque personnage nu, quelque scène de l'an-
« tiquité grecque ou romaine, ils n'oublient aucun
« muscle, aucun tendon ; pour rien au monde ils
« ne négligeraient une veine, un pli de la peau,
« un de ces ourlets de la chair qui entourent les
« ongles. Dieu nous garde de leur en adresser le
« moindre reproche, si ce soin méticuleux, si
« cette recherche, pour ainsi dire, de la petite
« bête, ne leur fait point perdre de vue l'ensem-
« ble ; mais malheureusement leurs figures sont
« froides, ne disent rien ; et pourtant tout y est
« d'une exactitude parfaite, il ne manque aucun
« détail, la couleur est bonne, le dessin correct ;
« seulement l'âme est absente. On dirait des fi-
« gures de cire : le corps est merveilleux de réa-
« lité, mais la pensée n'y est point. C'est une belle
« imitation de la nature, mais une photographie
« plutôt qu'un portrait. Voilà ce que nous avait
« donné, dans une certaine mesure, l'école réa-
« liste, les années précédentes.

« Dans les Salons de 1874 et de 1875, au con-

« traire, les artistes se sont efforcés d'éclairer
« leurs physionomies de la lumière de l'intelli-
« gence; ils ont purifié la peinture; ils ont com-
« pris qu'elle devait s'adresser à l'esprit plutôt
« qu'aux sens; ils ont senti, en un mot, la place
« qu'ils occupaient dans la société, la mission
« qu'ils avaient à y remplir. Si quelques-uns seu-
« lement ont eu la puissance d'atteindre le but
« que doit se proposer la peinture, et qui est de
« moraliser les hommes, d'élever l'âme des na-
« tions par la dignité de ses spectacles, la plupart,
« du moins, ont employé tout ce qu'ils avaient
« de qualités, de talent pour y parvenir. A ce
« point de vue donc, on peut dire, sans exagéra-
« tion aucune, que nos dernières expositions de-
« vront occuper une place très-honorable dans
« l'histoire des arts. »

III

La réalité, quelle que soit sa force d'action, ne
montera jamais jusqu'à l'art si elle n'est transfi-

gurée par le sentiment de l'idéal ; le sentiment de l'idéal, qu'est-ce autre chose que l'idée de Dieu, qui donne au monde une âme universelle. Soyez panthéiste si vous n'êtes pas chrétien ; croyez à tous les dieux, comme Phidias, ou croyez à un seul Dieu, comme Léonard de Vinci ; mais si vous voulez traduire par la palette ou par le ciseau la splendeur du vrai, ne commencez pas par nier votre âme.

L'athéisme qui nous envahit achèvera de tuer le sentiment de l'art dans ses manifestations grandioses ; le néant au ciel, c'est l'abîme sur la terre ; supprimer Dieu, c'est éteindre le soleil de l'âme. Il n'y aura bientôt plus, si on écoute les esprits forts, que des peintres de paysages, des peintres de portraits et des peintres de genre.

Ce qui a fait la force des Grecs, c'est qu'ils reconnaissaient Dieu partout, c'est qu'ils divinisaient toutes choses ; c'est qu'ils se sentaient possédés par l'esprit surhumain : un Grec athée n'a jamais souillé le portique.

C'est le sentiment de la misère humaine qui a créé l'athéisme ; quand l'homme se voit sans l'idée

de Dieu, il se voit si dénué qu'il ne croit pas à
l'œuvre de Dieu; c'est le sentiment de la grandeur
humaine qui a révélé Dieu. Comprendre et admirer l'homme, c'est comprendre et admirer Dieu.
Tout grand esprit a regardé Dieu en soi.

Les naturalistes proclament la science comme
le maître suprême ; le maître suprême, Raphaël
l'a dit, c'est le sixième sens, c'est le *mens divi
nior*, c'est la poésie qui voit mieux, parce qu'elle
a les yeux du corps et les yeux de l'âme. Un artiste aura beau étudier l'anatomie, il ne trouvera
pas la nature plus vraie dans ses mouvements,
dans ses expressions, dans ses attitudes, que
Phidias et Apelles, qui n'avaient jamais étudié
l'anatomie.

Pourquoi les modèles de l'antiquité seront-ils
éternellement les modèles de la beauté, de la force,
de la majesté, de la grâce ? C'est que les artistes
sculptaient et peignaient sous le regard des dieux
avec la simplicité du génie, sans vouloir dépasser
le but, comme font les nôtres dominés tour à
tour par les vaines théories et les vaines pratiques;
ne pas savoir, c'est trop peu ; trop savoir, c'est

trop. La simplicité est le premier article de foi pour le sculpteur comme pour le peintre, ou plutôt ce n'est que le second, car le premier, c'est l'idée de Dieu, l'idée de Dieu qui resplendit sur toutes les belles œuvres. Je défie un athée de faire un bon tableau ou une belle statue ; il aura beau y épuiser ses forces, il aura beau y mesurer au compas toutes les lois de la grandeur et de la beauté, il aura beau être irréprochable au point de vue de la ligne et de la couleur, si l'âme n'illumine pas le marbre ou la toile, l'œuvre ne vivra pas.

L'art, le grand art, l'art que Phidias et Michel-Ange ont fait divin, n'a pas d'école. L'école, supprimant la passion dans l'homme, supprime l'homme lui-même. Quand un sculpteur ou un peintre se révèle, c'est Dieu lui-même qui vient continuer son œuvre primitive. Chaque artiste est un commentateur qui explique les pages sublimes du beau, ce rêve de Dieu qui est la vie de notre âme.

Plantez toute une année un sculpteur de seconde main devant la Vénus de Milo, un peintre

médiocre devant l'école d'Athènes, ils n'en feront
pas moins des barbouillages honnis dans tous les
musées, et des Galatées qui ne descendront jamais du piédestal ; au contraire, un jeune homme
qui n'a vu aucun des chefs-d'œuvre consacrés,
s'écriera un jour : « Et moi aussi je suis peintre !
« Et moi aussi, je suis sculpteur ! » parce qu'il aura
vu en lui, dans les mirages de son imagination,
apparaître les images du beau comme des défis
jetés à son esprit, comme des amorces du monde
futur, comme des révélations de l'infini.

Mais comment ouvrir les yeux du peintre vers
l'idéal ?

Où est la grammaire de l'art ? Winckelman me
dit de pleurer comme lui devant l'Apollon du Belvédère, et Diderot me dit de rire de son beau rire
attique et gaulois ; je n'écoute ni l'un ni l'autre.
Aujourd'hui on sacrifie la Vénus de Médicis à la
Vénus de Milo ; dans cent ans, on adorera quelque
nouvelle Vénus, encore ensevelie dans le linceul
jaloux de l'antiquité. Le beau est absolu, mais
il est divers, et la critique pédante a toujours
tort.

On aura beau donner des lois des grands maîtres, les maîtres nouveaux les violeront un jour
de révolte dans l'intérêt de l'art lui-même, parce
qu'une des règles du beau, c'est la variété. Prudhon
et Géricault, pour ne dire que deux noms de notre
grand XIXe siècle, sont-ils moins peintres, ces
écoliers de l'école buissonnière, que David, qui
voulait toujours conduire le génie à l'école ?

Ce n'est ni la science, ni la main qui manquent
aux peintres et sculpteurs contemporains ; il faut
bien que ce soit le sentiment du beau. M. Georges
Dufour l'a très-bien dit :

« Nous sommes loin de ces temps pleins d'une
« foi ardente, où les maîtres de la peinture reli-
« gieuse s'enfermaient, comme Fra Angelico,
« dans un couvent, pour vivre en communion
« plus intime avec les divins modèles dont ils
« cherchaient à s'inspirer. A cette époque, la
« peinture n'était pas un moyen d'arriver à la
« fortune. On payait moins l'artiste, mais on
« l'honorait davantage, on ne s'étonnait pas d'en-
« tendre un souverain s'écrier : « Le Titien mé-
« rite d'être servi par César. » Heureux âge, où

« l'artiste, loin de faire du métier, travaillait par
« vocation, sans se préoccuper des succès per-
« sonnels et des critiques du public. C'était un
« croyant qui mettait toute son âme dans ses ta-
« bleaux ! Peut-être avait-il moins de coloris,
« moins d'habileté de pinceau, moins de savoir
« faire; il pouvait moins bien connaître la réalité,
« mais il devinait mieux l'idéal. Le doute n'avait
« pas encore couvert le monde entier, comme
« une tache d'huile, pénétrant jusque dans les
« replis cachés de notre cœur. Voltaire n'était
« point né. Le soleil, un instant éclipsé dans les
« âges de barbarie, répandait de nouveau sa lu-
« mière féconde sur notre pauvre argile. Une au-
« rore d'espérance et d'avenir venait de se lever ;
« le monde avait une seconde jeunesse, et cette
« seconde jeunesse, si brillante de vigueur et de
« poésie, ce siècle qui enfanta tant de merveilles,
« on l'appelait par cela même la Renaissance. On
« rencontrait alors des hommes comme le Péru-
« gin, comme Raphaël, comme le Vinci, comme
« Michel-Ange, qui, croyant à quelque chose,
« cherchaient à atteindre les plus pures visions

« mystiques; leurs œuvres n'étaient point desti-
« nées à quelques riches Anglais, collectionneurs
« par mode plutôt que par goût. Les peintres ne
« se servaient de la matière sensible et des for-
« mules admises que pour purifier l'art en l'em-
« bellissant. Leur langage ne s'adressait pas seu-
« lement à ce monde, au milieu duquel ils vivaient;
« s'élevant au-dessus des misères de l'humanité
« par l'indépendance du cœur, par l'émancipation
« de l'intelligence, ne reconnaissant d'autres liens
« que ceux de leur inspiration et de leur con-
« science, ils s'efforçaient partout et toujours de
« figurer l'insondable et ineffable au delà. Au-
« jourd'hui, que nous reste-t-il ? la ferveur et
« l'enthousiasme se sont envolés, comme de
« blanches colombes, vers les régions éthérées
« d'où elles nous étaient venues. Il n'y a plus
« qu'une croyance, qu'un culte qui ne soit pas
« près de s'éteindre : le culte du veau d'or. Ap-
« pelez-vous Cabanel, Pils, Bonnat, ou simple-
« ment Lazerges, Mazerolles, vous avez perdu
« les traditions du style pieux. On ne voit plus
« jaillir l'étincelle divine de vos vierges, de vos

« christs. Vous avez cherché votre Dieu, vous ne
« l'avez point trouvé.

> Pour aller jusqu'aux cieux il vous fallait des ailes,
> Vous aviez le désir, la foi vous a manqué. »

Non-seulement la foi en Dieu, mais la foi dans
le beau, la foi dans l'âme qui continue l'œuvre de
Dieu par les créations de la peinture comme de
la poésie. Les vierges de Raphaël vivent, comme
les créations d'Homère et de Shakespeare.

IV

La peinture et la sculpture devraient être nos
meilleurs livres, aujourd'hui que nous n'avons
plus le temps de lire ni de méditer.

La peinture et la sculpture ont cette supériorité
qu'elles s'adressent à tout le monde et que leur
éloquence est immédiate. Il faut aller longtemps
au collége pour comprendre Virgile, il faut être
initié pour entendre Beethoven, mais quiconque
a des yeux n'a qu'à rester une heure devant
Michel-Ange ou devant Raphaël, même s'il ne

sait pas lire, pour arriver à l'émotion du beau et du bien. Les poëtes et les musiciens ont leurs élus; les sculpteurs et les peintres tiennent leur cour plénière, pour tous ceux qui voient. Par exemple, cette année, l'admirable groupe de Mercier ne parlait-il pas plus éloquemment que toutes les vaines déclamations des orateurs politiques?

L'homme n'a pas été créé seulement pour être le spectateur de Dieu, mais pour aimer et continuer l'œuvre de Dieu. L'homme, il est vrai, continue souvent l'œuvre de Dieu, comme ces ouvriers des Gobelins qui ne voient pas ce qu'ils font, les religions elles-mêmes ne se sont pas contentées de se prosterner dans l'esprit de Dieu et d'emprunter aux poëtes les hymnes et les symboles; elles ont appelé l'art à leur culte : Jupiter, c'est Phidias qui l'a montré aux païens; la Mère de Dieu, c'est Michel-Ange qui l'a montrée aux chrétiens, quand les peintres byzantins n'avaient plus leur action.

Chaque exposition qui s'ouvre, chaque musée qui s'inaugure est une porte ouverte sur la lumière; tout artiste dont les tableaux illustrent une muraille nue, dont les statues peuplent une salle déserte, a exercé, vis-à-vis des esprits qui ne voyaient pas, une véritable charité. Donner la lumière, c'est donner bien plus que le pain, c'est montrer Dieu lui-même en toutes ses manifestations, c'est montrer l'école de la vie. Une exposition ou un musée est donc une bibliothèque qui parle la langue de tous ceux qui ont des yeux, on y vient pour perdre une heure ; mais ce temps perdu, c'est du temps gagné, car, à son insu même, on y a appris plus d'une grande action, plus d'un beau sentiment, plus d'une page d'histoire.

Et voilà pourquoi M. Georges Dufour a eu raison de dire le mot de Titus pour le dernier mot de son *Étude sur les Beaux-Arts dans la Politique*. Non, il n'a pas perdu sa journée, puisqu'il a écrit une page de l'histoire de l'art, illuminée du sentiment du beau et du bien.

Arsène Houssaye.

DES BEAUX-ARTS

DANS

LA POLITIQUE

INTRODUCTION

Tout le monde s'accorde à reconnaître aujourd'hui que les Beaux-Arts jouent un rôle considérable dans les progrès de la société, et que loin d'être, comme certains esprits le craignaient autrefois, une cause d'énervation et de décadence, ils ont au contraire une mission essentiellement civilisatrice et morale. Mais où la divergence apparaît, c'est lorsqu'il s'agit d'examiner leurs rapports avec cet être collectif qu'on appelle l'État, et dont ils sont un des ornements quelquefois même l'instrument et la puissance.

Les Beaux-Arts doivent-ils être protégés par les gouvernements, et s'ils doivent l'être, dans quelle mesure est-il opportun que cette protection s'exerce ? Telle est la double question qui divise encore le monde des artistes et ne semble pas près d'être résolue. Une telle étude demanderait assurément, pour être menée à bonne fin, du calme et de l'impartialité ; et on ne l'a jusqu'à ce jour abordée qu'avec passion et parti pris.

Les uns, dominés par des raisons politiques d'une incontestable valeur, mais entraînés par leur admiration exclusive pour le rôle prépondérant de l'État, se montrent partisans d'un mode de tutelle administrative qui maintiendrait les Beaux-Arts dans un perpétuel état de minorité, et risquerait ainsi, par une sorte d'accaparement progressif, de tarir les sources de l'inspiration du beau.

D'autres se jetant tête baissée dans l'excès contraire, pour réagir contre ceux qu'ils seraient tentés d'appeler les protectionnistes à outrance, n'admettent en aucune manière l'intervention gouvernementale, et, sous le faux prétexte d'un libéralisme apparent, voudraient qu'on laissât les artistes complétement abandonnés à eux-mêmes, semblables à ces plantes sauvages qui naissent, grandissent, se développent toutes seules, sans le secours de la main de l'homme, et par la seule force de leur vitalité.

Entre ces deux extrêmes : les défenseurs absolus

du principe autocratique et les partisans de la doctrine insouciante et dangereuse du *laisser faire,* n'y aurait-il pas un terme moyen, une opinion médiane, également éloignée de la tyrannie et de l'indifférence? Ne pourrait-on, en effet, se représenter l'État solidaire, dans une certaine mesure, du progrès des artistes, ménager de sa volonté, de ses ordres, mais prodigue de ses encouragements, de son appui, comme le centre éclairé, le robuste soutien de nombreux rameaux s'épandant à l'entour, et qui lui devraient en grande partie leur croissance et leur verdeur?

Tel est l'idéal auquel il faut tendre, et dont on trouve le germe dans les effets bienfaisants de la protection aux différentes époques de la floraison des arts.

Depuis que le monde existe, il y a des artistes et des œuvres d'art. Dès le jour où l'homme a été créé, il a créé à son tour ; et les pensées qui soulevaient sa poitrine n'ont pu rester longtemps enfermées dans la prison de son âme. Bientôt elles se sont échappées au dehors pour affirmer son existence, et les hommes ont commencé par écrire dans cette langue de pierre, la plus ancienne de l'humanité, la seule peut-être qui ait arraché au néant les premières générations du globe. Le monde a d'abord été architecte, et ce n'est que progressivement et par une sorte d'enfantement naturel qu'il est devenu plus tard sculpteur et peintre. Mais suivant les siècles, ces manifestations, informes et rudimentaires, au début, se sont sensiblement rapprochées de l'exemplaire divin, au point d'acquérir peut-être, à certains jours de l'histoire des arts, le seul degré de perfection qu'il soit jamais donné à l'homme d'entrevoir.

Certes le climat, l'influence des milieux ont dû jouer leur rôle dans ces transformations successives. Mais les institutions, la religion, ce qui constitue en un mot l'organisation primitive des sociétés n'a pas été non plus indifférent à la prédominance de caractères particuliers dans l'ensemble des œuvres d'art d'une même période.

Ce serait une étude intéressante que d'examiner à fond, dans les différents pays, et aux différentes époques, les rapports parfois secrets, souvent déterminés, qui relient la Politique et les Beaux-Arts. L'Inde, l'Égypte, la Grèce, Rome, Constantinople, l'Italie moderne, la France, l'Espagne, la Hollande, sont autant de mines inépuisables ouvertes à l'exploration des critiques d'une plume plus exercée que la nôtre.

Contentons-nous, en ouvrier modeste, de jeter les premières pierres de l'édifice que d'autres plus habiles construiront, et parcourant le monde à la lueur de ce double flambeau, l'Histoire et le Bon Sens, ayons au moins, pour excuse de notre hardiesse, notre bonne volonté.

Aussi loin que l'on veuille remonter le courant des âges écoulés, jusqu'aux sources mêmes du monde, dans ces arcanes mystérieuses de l'Orient où l'intelligence humaine se dégage à peine des liens qui la retiennent enchaînée à la terre, on voit déjà apparaître, avec son énergie presque brutale, l'influence de l'état social sur les manifestations artistiques de l'individu.

L'homme seul, isolé, sans défense, au milieu des forces de la nature, se sent d'abord pénétré d'une religieuse terreur. La foudre avec ses torrents de feu qui inondent des forêts entières, la mer avec ses vagues mugissantes qui s'élancent sur la grève aride comme des cavales en furie, et secouent bruyamment leur blanche crinière, les éruptions volcaniques avec leurs soubresauts qui soulèvent et déchirent la croûte terrestre, ce concours de phénomènes produits par des puissances occultes jette dans son âme encore neuve un trouble profond.

Et pourtant n'est-il pas le roi de la création ? Les êtres vivants qui l'entourent ne sont-ils pas ses instruments ou sa proie? Le monde entier est sa demeure, tout lui appartient.

Qu'importe? ses richesses même lui font peur. Le dernier venu, il se sent comme dépaysé sur les hauts plateaux de l'Asie, au milieu de ces nombreux matériaux que la Providence lui a si libéralement donnés pour son usage, et où il ne voit au contraire que des épouvantails. Il tremble et se prosterne : de la terreur naît l'adoration de ces forces insondables, qu'il envisage bientôt comme des êtres surnaturels ; et cette adoration, d'abord muette et intime, se traduit à mesure par des paroles, des gestes, tout un ensemble d'actes que comporte l'exercice d'un culte naissant. Les rites, les formules, dans le principe simples et grossiers, se modifient, se compliquent, se subtilisent, et deviennent, entre les mains des plus intelligents et des plus habiles, un sûr moyen de domination, une arme pour diriger et conduire docilement la masse ignorante et crédule.

Car, dès que les hommes sont en nombre suffisant pour constituer une famille, une agglomération, une tribu, on les voit se séparer en deux camps bien tranchés : les petits et les grands, les humbles et les forts. La démarcation, insensible et modeste au début, va chaque jour s'accusant davantage. Ce qui n'était qu'une sorte de protection et de tutelle devient une suprématie très-caractérisée et tourne quelquefois même à la tyrannie. D'un côté le mensonge et l'as-

tuce, de l'autre la faiblesse et l'ignorance. L'inégalité
des intelligences entraîne ainsi l'inégalité des conditions sociales. Des castes s'organisent : prêtres,
guerriers, marchands, artisans ; autant de degrés de
cette échelle symbolique que Jacob verra plus tard
en songe. Au sommet est Brahma , sorte d'être
immatériel, nom donné à cette harmonie préétablie
des choses que l'homme a trouvée en venant sur la
terre et qui subsiste après sa mort. Lui, le maître,
peut venir, grandir et disparaître ; le monde n'en suit
pas moins son cours naturel. Il ne gêne en rien la
marche éternelle des choses ; il est comme ces brillants météores qui traversent la nue ; le ciel n'en
devient ni plus agité, ni plus sombre, et conserve sa
sérénité absolue : ils s'évanouissent, et l'éternité
demeure. Lorsqu'au contact perpétuel des choses
l'intelligence s'affine, se développe, lorsque la reproduction quotidienne des mêmes phénomènes donne
aux disciples de Brahma et de Bouddha une idée de
la durée de l'éternité, la comparaison de leur misère
présente avec la grandeur des êtres inanimés qui les
entourent, de la fragilité de leur existence avec la
stabilité de l'univers, du ciel, de la terre et des ondes,
les poussent alors insensiblement jusqu'à concevoir
l'âme immortelle, mais sans la dégager complétement
de l'enveloppe terrestre dont elle n'est pour eux
qu'une émanation. Leur conception ne prend guère
de forme précise ; ils n'ont pas encore construit un

2.

paradis. Les lois particulières de leur être se noient dans les lois générales qui régissent l'humanité, et la mort reste pour eux comme une absorption du grand tout éternel et immuable, dont ils ont été un instant arrachés par la main puissante de Brahma pour se concentrer dans une individualité active, mais passagère.

Les dernières castes, d'esprit plus lourd, plus épais, ne peuvent atteindre à ces idées élevées, et les prêtres en profitent pour asseoir leur domination, offrant à la caste redoutable des guerriers de partager avec eux le pouvoir. La tyrannie trouve facilement à se glisser par les fissures de cette religion primitive, et, enveloppant dans quelques formules abstraites et incompréhensibles la prétendue explication des phénomènes dont les causes restent encore voilées, quelques-uns, les plus hardis, se considèrent comme bien au-dessus de leurs semblables, comme les pontifes nés de la divinité, et imposent, en guise de lois sacrées, leurs caprices et leurs volontés à la masse grossière qui se reconnaît si inférieure aux brahmes.

Le gouvernement des Indous est donc une oligarchie théocratique et guerrière, dans laquelle les dépositaires de la science, interprètes des Védas, tiennent la première place. Leur autorité est sans bornes; ils délaissent l'agriculture pour se réserver le monopole de toutes les connaissances et maintenir le gros de la race dans une ignorance favorable à la dépendance, à la soumission servile, et qui engendre parfois même les superstitions les plus ridicules. La conséquence d'un semblable état, c'est le fatalisme : on verra beaucoup de ces malheureux, jeunes ou vieux, se faire tuer sans hésitation, sans regret, s'ils croient ainsi pouvoir être agréables à leur dieu. A la fête de Djaggernath, ils se précipitent en foule au-devant du char du dieu, se jettent sous les roues pesantes, trop heureux de trouver dans ce dernier supplice le droit de prétendre à l'éternelle félicité.

Mais il faut occuper ce troupeau humain, si docile et déjà si nombreux. Ce n'est point assez que d'avoir des maximes à méditer, des préceptes à suivre, il lui faut de réelles images. Le sentiment religieux d'un peuple a besoin de se manifester au dehors par des œuvres matérielles. Qui leur dira jamais, à ces enfants de la lumière, le mystère de l'âme immense qui a créé le monde, cette féerie triomphale ? Quand leur soleil se lève derrière les cimes neigeuses de l'Himalaya, leur jeune cœur ne peut se défendre d'une impression de ravissement profond et craintif ; ils demandent des temples pour y épancher les flots de leur émotion qui déborde, et adorer en tremblant l'apparition lumineuse qui les éblouit. L'art indien est né de là. Mais ici encore la puissance brahmanique apparaît. Ces longues cavernes creusées sous la terre, dans le roc vif, comme le palais d'Indra, dieu de l'éther, les grottes de Carli et de Mhar, près de Bombay, sont bien le reflet du rêve panthéiste des brahmes, de cette imagination empreinte de mysticisme qui a écrit le Ramayana. Les grands architectes de cette époque, ce sont les prêtres; seuls, dans les dernières classes, se recrutent ouvriers et maçons. Il y a plus que des encouragements donnés aux arts, c'est le pouvoir qui, lui-même, se fait artiste. On s'explique aisément cette unité de type qui caractérise l'architecture indoue : partout de nombreux piliers, des colonnes pyramidales que soutiennent d'énormes éléphants de pierre, et au fond d'une immense galerie, ornée des fleurs du lotus en bas-relief, s'élève la statue monstrueuse de la divinité. Comment espérer, en effet, la variété, le progrès, là où manque l'émulation résultant de l'indépendance individuelle, soutenue par une protection éclairée? Les bras qui ont édifié ces temples gigantesques n'ont fait que suivre le plan venu d'en haut. Hors les prêtres, personne ne comprenait les principes de la ligne et des proportions; mais tous avaient un esprit de dévotion qui faisait d'eux de merveilleux instruments, d'une sûreté, d'une vigueur incalculable.

Aujourd'hui même, à des milliers de siècles de distance, les œuvres de ce temps, produit des efforts de plusieurs générations successives, ne cessent de nous étonner par leur grandeur mystérieuse et les larges effets de l'ensemble. Mais il y a absence de vie dans les détails ; c'est une vigoureuse ébauche, mais ce n'est qu'une ébauche : l'artiste n'a pas appris le secret de faire jaillir le souffle de la pierre. Le soleil sera long à dissiper les pâles vapeurs de la brume qui obscurcit les premières manifestations de l'activité créatrice du genre humain. Bien des jours s'écouleront encore avant qu'on puisse trouver l'application de cette épithète dont Ludovic Sforza gratifiait un des architectes employés à la cathédrale de Milan : *Magister de vivis lapidibus*.

L'Égypte. — Les Pharaons.

Si nous quittons les vapeurs moites et obscures
qui enveloppent les sombres vallées du Gange, pour
les rayons plus ardents mais plus vifs qui dévorent
les déserts de la haute Égypte et fécondent la riche
vallée du Nil, nous rencontrons d'abord la même
direction religieuse et dominatrice. Lorsque Sésos-
tris employa des tribus entières de captifs à construire ses montagnes de granit, lorsque se dressèrent
vers le ciel, comme un défi du Prométhée égyptien
à ce Jupiter que sa faiblesse l'oblige à adorer, les
hautes pyramides de Ghizeh et de Memphis, les
obélisques de Karnac et de Luqsor, l'art égyptien
était à son apogée, il avait conquis l'aspect grandiose et triste que rappelle assez bien aujourd'hui
l'accablante majesté de ses ruines, et la pensée serve
et naïve de ce peuple enfant se lisait jusque dans ces
colosses effrayants, dont les fragments, retrouvés çà
et là, membres épars d'un corps mutilé, attestent, par
leurs proportions gigantesques, l'esprit autoritaire
des prêtres d'Isis et d'Osiris.

D'où vient que, des Pharaons aux Ptolémées,

l'art ne se renouvelle plus et demeure stationnaire ?
La puissance qui l'a créé est en même temps celle
qui l'arrête dans ses développements : effet naturel
des gouvernements dont l'absolutisme, comprimant
l'explosion des fantaisies individuelles, écrase sous
le lourd niveau des castes quiconque, par son originalité ou son intelligence, tenterait d'en sortir. Si
l'art n'est pas une fleur sauvage, il n'est pas non
plus une plante de serre chaude, et rien n'est plus
éloigné du caractère essentiel de la protection que
l'exercice destructeur de la tyrannie. De l'air, de la
lumière, voilà ce qu'il lui faut, et non l'oppression,
les ténèbres.

Mais si pourtant l'Égypte, malgré son tempérament apathique, apparaît dans l'histoire, relativement, comme un des pays les plus éclairés de l'antiquité, c'est qu'en dehors de son régime d'exclusivisme, elle était déjà dotée d'un premier essai d'organisation administrative. Entre les peuples pasteurs
de l'Asie et la cité grecque, elle est le trait d'union.
Plus hardie que l'Inde, qui n'a produit que des
ouvrages curieux, il est vrai, mais d'un type vague
et uniforme, l'Égypte marque un pas fait en avant
dans la voie de la précision et de la netteté. Monarchie héréditaire, elle puise dans la succession de ses
rois quelque chose de limité, de défini, très-favo-
rable aux idées de civilisation, et dont elle imprègne
fortement ses palais et ses temples. Nous sommes tou-

jours assez loin, il est vrai, du régime national des Grecs, si propre à l'éclosion spontanée des belles œuvres, mais l'Inde est dépassée. A travers ses forêts mystérieuses, les monuments abondaient en lignes fuyantes, en profondeurs terribles ; en Égypte, les temples ont quitté leurs souterrains pour s'élever de terre et oser se placer à la face du soleil. La largeur des bases, la solidité des assises, la justesse mathématique des arêtes, la proportion des angles, la hauteur étourdissante des sommets, tout, jusqu'à l'immobilité massive des statues et des bas-reliefs, révèle clairement, comme le cachet de l'ouvrier sur son ouvrage, la toute-puissance orgueilleuse des Pharaons, la continuité des efforts de leur pouvoir centralisateur.

Le mouvement est donné, et bientôt le mouvement s'arrête. Aux excès d'une autorité qui s'épuise en efforts maladroits et démesurés, et perd par trop d'impatience ce qu'une direction plus modérée et plus sage lui eût fait obtenir, se joignent, surtout chez les dernières castes attachées à la glèbe, les effets d'une religion, encore primitive comme dans l'Inde, qui comprime et suspend l'essor général. Construits sur un type uniforme, les monuments égyptiens n'expriment qu'imparfaitement cet attribut du beau, l'unité, et le manque de variété leur donne un air de monotonie qui place l'âme dans un état involontaire de tristesse mélancolique. Et cette tristesse, n'est-ce pas la réflexion qui la fait naître? N'est-ce pas la pensée d'une destinée lointaine qui l'entraîne avec soi? La Mort est la grande inspiratrice de l'art égyptien. De là le double caractère de son architecture : projection puissante vers le ciel, appropriation complète à l'idée de la mort. C'est, pour ainsi parler, comme un courant magnétique pénétrant dans tout ce que produit l'Égypte et y laissant la trace de son passage. Pyramides, nécropoles, palais, partout la commotion s'est fait sentir, et l'imagination a été refoulée. Que la jeune Égypte semble bien raisonnable et bien vieille en ses travaux! On n'a plus lieu de s'étonner, lorsqu'on voit l'influence religieuse l'immobiliser par l'image de la mort et l'abîmer en quelque sorte dans sa contemplation.

Rien ne rappelle mieux du reste l'idée de la mort que le commencement de la vie. La faiblesse, la fragilité de l'enfant le rapprochent du vieillard, et l'un et l'autre se rattachent à l'existence par un lien si ténu et si frêle que le moindre choc suffit à le briser. Se modelant sur cette condition physique dont elle subit la loi, l'intelligence, à ces deux pôles extrêmes, manque de ressort et d'activité. Ce qui est vrai de l'individu l'est aussi des nations. Celles-ci, à leur tour, naissent, grandissent, se développent et meurent. Et qui plus est, l'humanité tout entière participe à cette évolution. Manifestation finie de l'être infini qui est Dieu, le monde suit une marche semblable dans la création de ses œuvres destinées à rappeler l'exemplaire éternel. Il a son enfance dans l'Inde, dans l'Égypte, son âge mûr en Grèce, **sa** vieillesse à Rome. Mais ici la mort n'est qu'accidentelle ; semblable au phénix qui renaît de ses cendres, le monde se renouvelle sans cesse, et ses défaillances sont souvent le prélude d'une nouvelle ère de vigueur et de prospérité. L'empire romain disparu, à l'occident se lève un peuple également puissant ; l'architecture gréco-romaine s'affaisse, et plus abondante est la séve qui enfantera l'art chrétien.

Les Égyptiens, peuple enfant, sont donc dans leur rôle lorsque, l'esprit tourné continuellement vers la mort, ils impriment à chacun de leurs monuments le caractère de leurs sombres rêveries, et cherchent à tromper la connaissance de leur fragilité par la recherche de la stabilité dans leurs ouvrages. Leur art se compose de velléités gigantesques, grandioses, que paralyse le sentiment de leur impuissance, augmentée par le besoin de la soumission. Et quoique déjà une certaine régularité dans les institutions donne à leur imagination créatrice une conception plus exacte de l'harmonie des lignes, il faut aller jusqu'en Grèce pour y admirer, avec l'établissement d'un gouvernement national, le complet et merveilleux développement des facultés individuelles. Lorsque disparaît en effet l'exclusivisme des castes pour faire place au pouvoir de la cité, la pensée, délivrée des entraves de l'Asie par sa transplantation sur le sol hellénique, rayonne en tous sens dans sa splendeur et sa maturité. Germant à nouveau sur une terre fraîche et bien préparée par la nature, elle produira de magnifiques rejetons, et jettera sur l'univers de telles lueurs de poésie, que l'âme humaine en ressent encore aujourd'hui la bienfaisante chaleur.

En résumé, deux forces, agissant en sens contraire, donnent la clef de l'art égyptien. D'une part, le pouvoir monarchique, avec son organisation administrative à l'état embryonnaire, produit l'impulsion, le mouvement artistique. De l'autre, l'influence religieuse prépare le mode suivant lequel se développeront les Beaux-Arts, et fixe elle-même les bornes qu'ils ne dépasseront pas.

De progrès en progrès, l'homme se perfectionne et l'ignorance des classes inférieures diminue. A l'enfance des peuples succède l'âge mûr des nations, et la conscience humaine s'alimente de toute l'expérience des siècles passés : la Grèce remplace l'Égypte, et Périclès va nous consoler des Pharaons.

comme à Sparte, et plus qu'à Sparte peut-être, ce ne sont que luttes continuelles de familles rivales qui usurpent tour à tour le pouvoir ; et, comme pour servir d'accompagnement à ces mesquines intrigues, l'inconstant peuple athénien, dans l'apparente attitude d'un spectateur désintéressé, applaudit les vainqueurs et siffle les vaincus. Seuls, quelques rares héros ont régné sur l'Attique, appelés par la nation elle-même, fatiguée des discordes incessantes qu'entraînaient avec elles ces monarchies éphémères ; et dans ces périodes de calme et de puissance, comme le siècle de Périclès, aussi maître à Athènes que, plus tard, Auguste à Rome, les arts purent fleurir et donner les beaux fruits que nous goûtons encore aujourd'hui.

Et qu'on ne cherche pas des explications trop subtiles dans l'influence du milieu, du climat! Ioniens et Doriens sont venus d'Asie. Tribus détachées de la peuplade des Hellènes, ils ont envahi le Péloponèse, s'établissant les uns dans l'Attique, les autres en Laconie ; et là, malgré leur communauté d'origine, jouissant du même soleil, ils se sont développés en sens contraire et ont produit ces deux peuples, d'un caractère si différent : Athéniens et Spartiates.

Obligés de demeurer constamment sous les armes, pour protéger leur conquête contre les attaques réitérées de leurs voisins, les Doriens, dès l'abord, s'or-

ganisèrent sur un continuel pied de guerre, et les
lois dures, rigoureuses, de Lycurgue, faites sous la
pression des événements, pour répondre aux nécessités d'une situation exceptionnelle, restèrent dans
les mœurs des Spartiates, et subsistèrent après les
circonstances graves qui leur avaient donné nais-
nance. Ces premiers temps, sans repos, sans sécurité,
si défavorables aux beaux-arts, virent pourtant se
former toute une génération de modèles. Les violents exercices du corps, que Lycurgue ordonnait
aux jeunes Spartiates, eurent bientôt un autre but
que celui de les préparer aux fatigues de la guerre :
également exigés en temps de paix, ils devaient avoir
comme effet plus général de supprimer toute faiblesse de constitution, tout tempérament débile,
délicat, et de créer une race d'hommes vigoureux,
sains, et capables de réaliser, dans l'avenir, ces préceptes adressés par Socrate à son disciple Épigène :
« Ce n'est point un motif, disait le philosophe, parce
« que l'État cesse d'ordonner publiquement de se
« livrer à des exercices en vue de la guerre, pour les
« négliger en particulier, et l'on ne doit pas s'y ap-
« pliquer avec moins de zèle. Sache bien que, dans
« aucune autre lutte, dans aucun acte de la vie, tu
« n'auras à te repentir d'avoir exercé ton corps : en
« effet, dans toutes les actions que font les hommes,
« le corps a son utilité, et dans tous les usages où
« nous l'employons il est essentiel qu'il soit consti-

« tué le mieux possible. Il y a plus, dans les fonctions
« mêmes où tu crois qu'il a le moins de part, je
« veux dire celles de l'intelligence, qui ne sait que
« la pensée commet souvent de grandes fautes parce
« que le corps est mal disposé ? »

Cette dernière idée des conséquences morales du
développement corporel ne préoccupait pas encore
absolument les esprits. Ce que l'on voulait alors,
c'était former de beaux corps d'hommes et de
femmes. Aussi élevait-on les jeunes Lacédémo-
niens uniquement au point de vue de l'agilité des
muscles, de l'extension complète de la personne
physique, et l'on mettait, en quelque sorte, à fa-
çonner, fortifier l'enveloppe extérieure, le même
soin qu'on donne aujourd'hui à l'élevage d'un cheval de course.

De tels exercices emportaient naturellement avec
eux une nourriture frugale et grossière, pour empêcher
les chairs de s'amollir, le sang de s'épaissir. Un jour
que Denys, tyran de Syracuse, faisait la grimace en
goûtant le brouet noir, et ne pouvait s'empêcher de
déclarer au cuisinier combien il trouvait désagréable
le mets favori des Spartiates : « Il manque vraiment
quelque chose, dit le cuisinier à Denys. — Et quoi
donc ? demanda le tyran. — De vous être baigné
dans l'Eurotas, et d'avoir fait tous les exercices de la
palestre. » C'est qu'en effet la palestre, le pancrace,
le pugilat, la gymnastique et tous ses accessoires

étaient non-seulement dans les mœurs, mais dans les institutions grecques.

Bien plus, pour l'homme, qu'une simple obligation morale, il y avait, dans l'acte d'exercer ses facultés physiques, une véritable nécessité légale. Être bien fait : grave question ! Lycurgue le prescrivait ! Il fallait avoir une poitrine virile, des jambes et des articulations fortes, comme les cariatides du Pandroséum d'Athènes. On mettait à mort tout enfant difforme, pour ne point encombrer l'État d'êtres inutiles, gênants, incapables de devenir, ce qui était un des premiers devoirs du citoyen, un bon soldat, un solide athlète.

La rigueur de cette législation brutale s'adoucit avec le temps. La danse, accompagnée de chants héroïques, vint compléter la gymnastique, pour donner aux membres la souplesse en même temps que la vigueur, et permettre aux jeunes garçons et aux vierges de Sparte de figurer avec grâce dans des chœurs chantés et dansés. Bientôt, l'éducation de l'intelligence marcha de pair avec celle du corps, et le goût des beaux-arts naquit au pied du Taygète lorsque la jeunesse lacédémonienne apprit à déclamer les beaux vers d'Homère et de Tyrtée en s'accompagnant de la flûte et de la lyre. Mais déjà nous nous rapprochons sensiblement des mœurs quelque peu efféminées d'Athènes, où l'on sacrifiait plus à l'élégance, moins à la force. La noblesse des atti-

tudes, l'harmonie des ensembles, préoccupaient surtout les artistes, moins soucieux de la vigueur rigide,
de la froide simplicité. L'architecture, reflet fidèle
de la pensée des nations, suivit ce courant, et l'ordre
dorique, si modéré, si sévère, transformé, devint
l'ordre ionique, plus délicat, plus orné, avec ses
frises et ses moulures enrichies de tant de ravissants
détails. Athènes fut la maîtresse à son tour et resplendit un instant comme le point extrême de la
civilisation grecque. Puis le principe d'autorité,
après la mort de Périclès, commençant lui-même à
s'affaiblir, l'énervement dans les idées amena une
nouvelle manière d'envisager le beau, plus éloignée
de la force militante : Praxitèle fit oublier Phidias;
Épicure remplaça Socrate. La Vénus de Milo, merveilleux produit de l'art hiératique, disparut devant
la Vénus de Cnide, cessant d'unir à ses grâces fémi-
nines la mâle sévérité des déesses. Ainsi progressivement s'effaçait cette conception religieuse de
l'androgyne, qui, par l'union des caractères dominants des deux sexes, force et souplesse, avait produit les Bacchus, les Apollon, les Diane, chefs-
d'œuvre de la statuaire grecque. A cette décroissance
artistique correspondait un amoindrissement dans
la puissance politique de la Grèce. Après l'absorption
des convictions lacédémoniennes dans les fantaisies
attiques et, plus tard, la disparition du gouvernement sage, éclairé, national, de Périclès, véritable

période de l'apogée des Beaux-arts, les luttes intestines qui ensanglantèrent la Grèce la conduisirent,
de déchirements en déchirements, jusqu'à sa conquête par Paul-Émile, et à la réduction de son
territoire en province romaine.

N'exagérons rien cependant : le génie grec persé-
véra longtemps encore à travers mille événements
défavorables, et malgré tant de secousses qui ne
purent arrêter son inépuisable fécondité. Mais avant
de le suivre à Rome, dominant l'esprit de son vainqueur, avant d'étudier les altérations que des mœurs
et des institutions nouvelles lui firent nécessairement
subir, envisageons cette sorte de moment psycholo-
gique où l'établissement d'une autorité acceptée de
tous fut comme le mot d'ordre du plus complet
rayonnement artistique de l'antiquité. Nous y trou-
verons alors cette preuve nouvelle, ajoutée à tant
d'autres, de la profonde affinité qui relie, dans l'histoire des peuples, comme l'effet à la cause, les plus
grandes périodes de gloire et de puissance politiques
aux siècles merveilleux de l'épanouissement des arts.

La scène où devaient se produire tant d'incompara-
bles chefs-d'œuvre était, il faut le reconnaître, admira-
blement préparée : les matériaux, et des matériaux de
choix, abondaient. Quelle contrée renfermait de plus
grandes richesses en marbre que l'Attique, et qui ne
sait de quelle ressource inépuisable furent les carrières
célèbres du Pentélique? Aujourd'hui encore on re-

trouve des traces nombreuses de l'exploitation antique, et çà et là, quelques monolithes semblables à
celui qu'on employa pour élever, sur le sommet de
la montagne, la statue de Minerve protectrice de
l'Attique.

Les modèles, nous l'avons vu, ne faisaient pas
non plus défaut. Si les lois militaires de Lycurgue
enchaînaient trop étroitement les Spartiates pour
qu'ils eussent le loisir de s'intéresser à la sculpture,
à la peinture, elles avaient au moins ce mérite de
former une véritable pépinière de beaux hommes.
Dans les jeux olympiques, l'œil fin et spirituel de
l'Athénien ne pouvait manquer de les entrevoir et
d'admirer les lignes si pures de leur corps, la vigueur
grandiose de leurs muscles, la souplesse de leurs
attaches, la fermeté de leur attitude, et cette faculté
particulière de mouvement qui est le trait distinctif
du génie dorien. D'un côté donc, toute une race
pouvant servir de types; de l'autre, une nation
essentiellement artiste, que le spectacle quotidien
des luttes athlétiques disposait à saisir, dans ses
plus intimes relations, l'harmonie profonde du corps
humain.

Ainsi, tout concourait à faire du peuple athénien,
doué de la perception exquise du beau, le public le
plus compétent pour juger et encourager les maîtres
en l'art de sculpter et de bâtir. Mais que seraient de-
venues ces dispositions naturelles si les institutions,

le gouvernement, n'avaient pas eu précisément pour but de les stimuler et de forcer à se révéler au dehors ce qui n'était, pour ainsi dire, qu'aspirations et instinct? Quel plus intéressant rendez-vous que ces fêtes nationales organisées par le pouvoir! que ces jeux pythiques, olympiques, où Pindare célébrait les athlètes, où Phidias exposait ses statues! La démocratie athénienne, éclairée, intelligente, nourrie des poésies d'Homère, des tragédies d'Eschyle, de Sophocle, d'Euripide, allait se donner un maître qui, résumant en lui ses besoins, ses idées, apporterait à leur satisfaction toute son ardeur et ses forces. Le siècle qui vit la splendeur d'Athènes, dépositaire des œuvres d'art du continent hellénique, institutrice de la Grèce, capitale de l'intelligence, ce siècle est celui de Périclès.

Souverain national de son pays, Périclès n'avait été d'abord qu'un soldat heureux. Une fois au pouvoir, il régna en même temps par la fermeté et la modération, et puisa dans l'alliance de ces deux sentiments une force extraordinaire. Qu'on ne s'y trompe pas, en effet, Athènes, à cette époque, n'était plus en république démocratique que de nom. C'est Thucydide qui le dit : « Le gouvernement de Périclès était « de nom une démocratie, de fait un empire, mais « celui du premier citoyen de la république. »

Comment le peuple athénien, d'un tempérament si libéral, ennemi des moindres servitudes, avait-il

pu accepter une pareille situation? Depuis longtemps
la discorde régnait dans le camp des archontes; deux
partis rivaux, démocrates et aristocrates, divisaient
la cité, se disputant tour à tour le pouvoir. Restait
la masse des citoyens tranquilles, placés en dehors
de la sphère d'activité des partis, mais que le spectacle de l'agitation constante engendrée par les
assauts continuels qu'essuyait le pouvoir commençait à dégoûter singulièrement de l'application
du régime oligarchique. Il arriva ce qui arrive
toujours en semblable occurrence : un homme
apparut, capable de satisfaire le besoin d'unité,
de centralisation, qui tourmentait même les plus
indifférents. Périclès fut cet homme. Comprenant
vite tout ce qu'on pouvait tirer d'un tel état des
esprits, il s'appuya sur les masses, qui n'atten-
daient qu'un chef pour prendre part à l'action, et
leur promit, s'il devenait le maître, la gloire et la
sécurité. Cimon écrasé, et le parti aristocratique
avec lui, Périclès se trouva seul à la tête du pouvoir. Sûr, désormais, de gouverner Athènes s'il
remplissait sa promesse, il accomplit fidèlement son
mandat et mit son génie à la place de la liberté. Et
qu'on ne se hâte pas trop de critiquer le peuple
athénien, de le blâmer pour s'être, de lui-même, si
facilement placé sous le joug. Les hommes, le plus
souvent, se jettent entre les bras d'un maître moins
par faiblesse et par lassitude que par l'ardent désir

de se décharger sur autrui du poids des affaires publiques, du souci des intérêts généraux de l'État,
mais à la condition de conserver leur pleine indépendance dans les actes de la vie privée. Au milieu
des luttes ardentes de la politique, le citoyen néglige
ses propres affaires, sans grand profit pour celles de
la cité. Liberté! liberté! c'est le cri naturel de l'âme
humaine. Oui, mais ne vaut-il pas mieux, s'il est
impossible à l'être imparfait de jouir, dans toute son
étendue, de ce bien inestimable; ne vaut-il pas
mieux, s'il doit absolument, dans l'ordre des faits,
en aliéner une partie pour conserver l'autre intacte,
que ce ne soit en rien celle qui touche à la personnalité de l'homme considéré comme individu?
Quand on se résout à abandonner, dans une certaine
mesure, sa liberté politique, n'est-ce pas dans le
dessein de profiter plus amplement de son indépendance individuelle? N'est-ce pas enfin dans la constitution d'un pouvoir fort et dominateur que
l'homme trouvera seulement la protection et l'appui
qui lui sont nécessaires pour conserver cette portion
de sa liberté qui correspond aux besoins quotidiens
de sa vie, et tient à son cœur par des attaches si profondes et si intimes?

Périclès gouverna donc avec l'appui de la démocratie, qui lui sacrifia toutes ses franchises nationales comme au plus sage et au seul digne d'em-
ployer son autorité, sa puissance, à faire prospérer les

intérêts de la cité. Et de fait, jamais période dans l'histoire grecque ne marqua une plus grande éclosion de chefs-d'œuvre, jamais souverain jaloux de sa gloire ne couvrit d'une protection plus éclairée les arts et les lettres.

Transportons-nous un instant par la pensée dans Athènes à cette époque, un jour de vive émotion populaire ; suivons cette foule venue de tous les points de la Grèce pour se rendre à la fête des grandes Panathénées, et, nous associant en imagination aux sentiments qui l'agitent, goûtons les joies rétrospectives que la contemplation idéale des merveilles qui divinisaient la cité de Pallas fait germer dans tout cœur impressionnable et délicat. Des murailles de Thémistocle au sommet de l'Acropole, quelle suite de monuments éternels ! l'Erechthéion, les Propylées, le Parthénon, et plus bas dans la ville l'Odéon, hors les murs le Lycée ! Toutes les richesses de l'Orient affluaient alors à Athènes, et Périclès les versait à pleines poignées entre les mains de Phidias, de Callicrate, d'Ictinus, d'Alcamène, d'Agoracrite, de Mnésiclès, de Zeuxis et de tant d'autres dont les noms ne sont point parvenus jusqu'à nous, et qui travaillaient sous les ordres de Phidias, devenu l'artiste préféré du souverain, comme Michel-Ange des Médicis, Lebrun de Louis XIV.

Tant de statues, de temples, d'édifices, ne laissèrent pas cependant que d'exciter quelques murmures

Toute cette population de marbre qui s'élevait à côté de l'autre, comme pour en perpétuer le souvenir et en immortaliser la pensée, rencontra des esprits hostiles, et des plaintes s'élevèrent contre les sommes considérables qu'exigeaient de tels travaux. Mais Périclès connaissait trop bien le peuple athénien pour s'émouvoir de si peu, et l'on sait par quelles paroles habiles il arrêta les murmures.

« Vous trouvez donc mes dépenses exorbitantes, » s'écria-t-il dans une assemblée publique, un jour que le mécontentement de plusieurs se traduisait en violentes objurgations, « eh bien, je les prends à mon compte ; mais, en revanche, mon nom seul sera inscrit sur chacun de ces monuments qui deviendra ainsi ma propriété. » Ce langage visait l'endroit sensible ; le peuple amoureux des arts s'aperçut qu'il avait trouvé son maître. Plutôt que de se voir dépouillé de ses chefs-d'œuvre, il aima mieux consentir à tout, offrit de nouveau ses richesses à Périclès pour y puiser à loisir et continuer des ouvrages dont il venait si adroitement de leur rehausser la valeur.

Le siècle de Périclès, comme celui d'Auguste, de Léon X, de Louis XIV, nous donne un exemple triomphant de ce que peut l'alliance de l'art et de l'État. Un lien très-ferme unissait alors le progrès des arts au développement des institutions, et la nation entière s'intéressait aux artistes. Aussi une même pensée inspirait-elle les architectes, les sculpteurs, les peintres, les poëtes, les politiques : la gloire de la cité.

Le gouvernement dans sa forme un peu dictatoriale, mais profondément démocratique, tout en laissant une grande liberté d'exécution à chacun, encourageait au nom de tous, et ses récompenses acquéraient d'autant plus de prix qu'elles prenaient le caractère de récompenses nationales. L'artiste n'était plus un manœuvre, un simple ouvrier, qui exécute les ordres des prêtres de Brahma ou d'Isis; il osait affirmer sa personnalité. Phidias, le sculpteur disciple d'Homère, contemporain et ami d'Anaxagore, ne s'absorbait pas dans Périclès ; il en acceptait la protection utile, éclairée, mais conservait pleine et entière son indépendance.

L'Attique était tranquille et prospère. La main qui tenait ses destinées semblait si délicate et si légère, qu'il ne venait à personne la pensée de s'en dégager et de secouer un aussi aimable joug. Les Beaux-Arts conduisaient aux honneurs, à la richesse ; et le peuple choisissait souvent les grands artistes pour remplir les plus hautes charges de la magistrature. Au contraire, livrés à eux-mêmes, privés de l'appui que leur prêtait l'État en les chargeant d'œuvres importantes, que fussent devenus les immortels auteurs de tant de merveilleux monuments ? Que d'occasions leur eussent manqué de faire éclater au grand jour leur féconde imagination ! Que de génie inutilisé! Et pour nous, que de modèles de moins à admirer et à suivre !

Tous les grands esprits de l'antiquité soutiennent cette thèse, que l'Art est une des branches les plus importantes des institutions nationales, et que les gouvernants en doivent faire l'objet de leur constante préoccupation.

Platon, dans son livre de la *République*, recommande aux magistrats de veiller avec soin à ce que les villes ne contiennent point de statues capables d'inspirer le vice et de corrompre la jeunesse. Il admet donc ainsi le contrôle bienfaisant de l'État, et voit dans son intervention l'application d'un de ses devoirs les plus stricts.

Aristote enfin, pour n'en point citer d'autres, met certains tableaux sur la même ligne que les préceptes de morale des philosophes, comme moyen de faire rentrer en eux-mêmes, de corriger les esprits vicieux.

Ce rôle d'utilité générale, essentiellement moralisateur, n'est-ce pas le meilleur argument contre cette atmosphère de haute indifférence dont nos adversaires voudraient envelopper les Beaux-Arts? Assurément, si l'inspiration n'existe pas, l'État ne la créera point. Mais si cette flamme divine, qui échauffe le cœur de l'homme et lui fait concevoir le beau, si cette étincelle, arrachée par Prométhée au feu du ciel, doit s'élancer un jour et jeter au loin ses rayons lumineux, il lui faudra autre chose qu'un libéralisme insouciant, prélude de la froideur, sans frein, sans stimulant. La politique, au contraire, excite, dirige, guide, couronne le génie en puissance; « par les honneurs, elle l'échauffe; par les œuvres qu'elle lui confie, elle offre à son activité un vaste champ et à sa pauvreté des ressources trop souvent nécessaires. Elle peut même se charger jusqu'à un certain moment de l'éducation de l'artiste, et sa gloire est de dépenser beaucoup, dût-elle recueillir moins qu'elle ne sème. Peut-être vaut-il mieux aider sans résultat brillant vingt sujets médiocres que de manquer à un seul talent. »

De la Grèce à Rome il y a l'espace d'une conquête. Lorsque le peuple romain envahit la Thessalie et le Péloponèse, lorsque Paul-Émile écrasa les Macédoniens de Persée sous les murs de Pydna, et que le consul Mummius livra aux flammes Corinthe et ses richesses, la Grèce n'existait plus. Les rivalités, la désunion, en dissolvant la vieille nation des Hellènes, l'avait rendue impuissante à défendre, à conserver ses chefs-d'œuvre. On ne peut estimer les pertes subies au siége de Corinthe. Le pillage y fut, dit-on, épouvantable; quelques statues seulement qu'on sauva, et plusieurs mille prisonniers, furent emmenés à Rome pour servir de cortége au triomphe du vainqueur.

Il se produisit alors un phénomène curieux dans l'histoire des arts : le vainqueur fut vaincu à son tour par ceux-là mêmes qu'il tenait en sa puissance : l'esclave soumit le maître; la Grèce fut à Rome.

> *Græcia capta ferum victorem cæpit, et artes*
> *Intulit agresti Latio.*

Pour la première fois les Grecs allaient pénétrer
dans le rustique Latium; mais l'Italie leur était
connue longtemps auparavant. Disséminés depuis
plusieurs siècles dans le sud de la Péninsule, le
long du littoral de l'Adriatique et de la mer de
Sicile, à l'abri des incursions romaines derrière les
derniers contre-forts de la chaîne des Apennins,
dont l'extrémité se divise en plusieurs bras avant de
se perdre sous les flots de la mer, les Grecs avaient,
en quelque sorte, localisé leur puissance artistique.
En rapport continuel avec la mère patrie, mais
séparés du reste des habitants de l'Italie, confinés à
Cumes, Naples, Crotone, Sybaris, Tarente, Locres,
Rhegium, ils s'étaient soustraits à toute influence
étrangère et avaient laissé se développer le jeu des
institutions romaines sans y apporter aucune mo-
dification.

Pendant ce temps, sous la domination des rois
étrusques, des Tarquins, protecteurs des arts, la
rudesse sabine et la pauvreté romaine avaient déjà
fait place à une magnificence jusqu'alors inconnue.
La royauté utilisait l'art étrusque et embellissait de
ses productions la ville aux sept collines. Les premiers édifices de Rome élevaient vers le ciel leur
silhouette monumentale; le grand cirque existait;
on creusait le grand égout; le temple de Diane dessinait ses frises élégantes parmi les lauriers de l'A-
ventin; sur le mont Tarpéien se dressait, majes-

tueux, le temple de Jupiter. Le Capitole, enfin, marquait l'apogée du règne des Tarquins.

Sous la République et jusqu'à la conquête du Péloponèse, Rome continua à s'assimiler le style sacerdotal des Toscans, déjà quelque peu transformé par l'influence du Corinthien Demarate, venu se réfugier sur les bords de la mer Tyrrhénienne, avec de nombreux artistes qu'il amena de son pays.

Mais ce ne fut vraiment qu'après la réduction de la Grèce tout entière en province romaine que la civilisation qui avait créé les Phidias, les Polyclète, les Apelles, put s'insinuer jusqu'à Rome et pénétrer l'intelligence du vainqueur. A partir de cette époque, on a pu dire avec raison que l'art romain puisait en Grèce ses titres de noblesse. Le nombre est presque incalculable des statues, des richesses de toute sorte qu'apportèrent de Syracuse Marcellus, d'Érétrie Flaminius, de Delphes Sylla, de Sparte Varron et Murena. Le dilettantisme de Verrès valut à Rome l'*Amour* de Praxitèle, l'*Hercule* et l'*Apollon* de Myron, les *Canéphores* de Polyclète. Dans un seul triomphe de Paul-Émile, on vit défiler jusqu'à deux cent cinquante chariots remplis de statues et de tableaux. L'inspiration s'exhalait comme un parfum de tant de chefs-d'œuvre, et les artistes emmenés en esclavage semblaient retrouver leur milieu de gloire et d'immortalité. A Rome aussi bien qu'à Athènes, une école se formait pour continuer le style de Phidias :

les statues colossales des deux cavaliers Castor et
Pollux, qui décorent la partie du Quirinal nommée
pour ce fait le *monte Cavallo*, ne rappellent-elles pas,
par bien des côtés, le ciseau plein de fierté du maître,
justifiant ces vers d'un poëte moderne :

La langue que parlait le cœur de Phidias
Sera toujours vivante et toujours entendue;
Les marbres l'ont apprise et ne l'oublieront pas?

Mais le gouvernement dictatorial de César et de
ses successeurs, son empire sur le monde, sa domination de l'Orient à l'Occident, son esprit de conquête et d'absolutisme, tempérèrent les envahissements toujours croissants de l'hellénisme, en
l'imprégnant du sceau de la personnalité romaine.
Là pensée mâle, ambitieuse, des Romains, en modi-
fiant, transformant, altérant à son tour le génie spé-
culatif des Grecs, à ses débuts si fin, si délicat, si libre
en ses manifestations, malgré sa condition d'esclave,
mais devenu insensiblement, au contact de ce peuple
de guerriers, d'agriculteurs, plus épais, plus massif,
plus sévère, plus utilitaire, donna naissance au style
gréco-romain. Sur la colonne ionique apparurent les
arcs et les voûtes remplaçant la plate-bande. Une
fois dans ce courant d'idées, la transition au style
byzantin sera facile. Toute ligne droite devient une
ligne courbe; toute surface plane, une surface curvi-
ligne; la coupole détruit les angles. Pendant de longs

siècles Sainte-Sophie servira de modèle aux basiliques des chrétiens.

Les types de l'art gréco-romain abondèrent sous Auguste et ses successeurs. Les ruines que nous admirons encore aujourd'hui ne nous offrent qu'une bien faible idée de la fécondité de cette époque. L'empereur Auguste joua à Rome le rôle de Périclès à Athènes. On lui donnait une Rome de brique, il légua à ses descendants une Rome de marbre. Grâce aux richesses accumulées par la conquête du monde, il put transformer la capitale de l'empire et la doter de magnifiques monuments. Le portique d'Octavie, le temple de Mars Ultor, celui d'Apollon, le nouveau Forum, le Panthéon d'Agrippa, datent de ce siècle, et reproduisent la brillante ornementation du style corinthien. Et ce n'est rien encore, quand on songe aux innombrables statues qui remplissaient les maisons, les rues, au point qu'en beaucoup d'endroits les chariots ne pouvaient passer. Combien de ces statues qui se chiffraient par 100,000 ont excité l'admiration, l'enthousiasme de Winckelmann ! Au temple de César se trouvait la *Vénus anadyomène*. Le Capitole contenait l'*Apollon de Calamis,* présent de Lucullus. Le *Méléagre du Vatican,* la *Vénus de l'Hermitage*, peuplaient primitivement les jardins de l'empereur. Le *taureau Farnèse,* aujourd'hui à Naples, provenait des édifices de Pollion. Les jardins de Servilius, sur le penchant de l'Aventin, et tant d'autres, étaient transformés en musées, et les chefs-d'œuvre des artistes contemporains de Mécène n'y souffraient pas du voisinage des Praxitèle, des Myron, des Scopas et des Lysippe. L'*Apollon du Belvédère*, délicieuse reminiscence de l'*Apollon* de Praxitèle, est une des fleurs les plus ravissantes du génie gréco-romain. C'est sous le règne d'Auguste que le ciseau d'un sculpteur inconnu façonna ce modèle inimitable. D'aucuns disent même que sa figure était celle de l'empereur. Quoi qu'il en soit, une telle merveille de l'art suffit à immortaliser un siècle ; car c'est assurément le plus grand chef-d'œuvre qui nous soit resté de la statuaire antique.

L'exemple que donnait Auguste fut suivi, à des degrés divers, par ses successeurs. Claude fit construire les deux beaux aqueducs qui portent son nom. La maison dorée de Néron était d'une magnificence inouïe. L'arc de triomphe de Titus, le Colysée, la plus remarquable ruine de Rome, appartiennent au règne des Flaviens. Debout dans son élégance pleine de simplicité, la colonne Trajane consacre le souvenir des deux expéditions de Trajan contre les Daces : c'est une des plus fines productions de l'école gréco-romaine qui aient résisté aux invasions des barbares. A l'époque d'Adrien, amateur passionné des arts, il y eut comme une renaissance du pur génie de la Grèce. On construisit sous son inspiration tant de temples, d'édifices de toute sorte, que ses historiens l'ont surnommé le Pariétaire. Il reste peu de chose de son œuvre gigantesque : le temple de Vénus et de Rome, dont les plans eurent l'approbation de l'architecte Apollodore, son mausolée, devenu le château Saint-Ange, et le pont Œlius. L'arc de Septime-Sévère, les Thermes de Caracalla et de Dioclétien, la basilique de Maxence, l'arc de Constantin, la colonne de Phocas, marquent la fin du vieux monde et le commencement du nouveau.

Mais une autre branche de l'art poussait en même temps ses glorieux rejetons. La peinture enrichissait de ses couleurs monochromes les lignes un peu froides de la sculpture et de l'architecture antiques. S'il faut en croire Pline, l'étude intelligente des tableaux de Zeuxis, de Parrhasius, d'Apelles, aurait formé toute une pléiade d'élèves habiles et renommés. Les fresques des artistes secondaires, que les fouilles de Pompéi ont rendues à la lumière du jour, permettent aujourd'hui à la pensée de reformer, par induction, le faisceau des ouvrages anéantis et de se représenter, à peu près, l'état général de la peinture rapprochée de ses compagnes l'architecture et la sculpture, sous le protectorat souvent utile, mais quelquefois abusif et maladroit, des empereurs romains.

A la suite du débordement successif des hordes du
Nord en Italie, le défaut absolu de sécurité s'emparant des âmes, une ombre épaisse obscurcit l'art.
Non-seulement la production s'arrêta, privée d'air et
de lumière, mais une période de dévastations et de
ravages fit le désert et la nuit. La capitale de l'empire
devint Constantinople, et Rome, abandonnée au pouvoir du goth Théodoric, s'efforça vainement de re-
conquérir sa splendeur passée. En même temps un
malaise général régnait sur le monde. Le Christ avait
détrôné Jupiter, et la religion chrétienne, longtemps
enfouie dans les profondeurs des Catacombes, se
frayait un chemin à travers les inévitables difficultés
d'une révolution universelle. Lorsque la puissance
impériale vint en aide aux évêques, ces deux auto-
rités réunies transformèrent la société, et sur les
bases nouvelles qu'elles lui donnèrent s'éleva un art
nouveau: l'art byzantin. Mais ici éclate encore dans
toute sa force la confirmation des rapports qui unis-
sent la politique et les Beaux-Arts. Aux premières et

aux plus pures manifestations du style byzantin correspond le règne célèbre de Justinien. C'est sous ses
ordres que les architectes Anthémius de Tralles et
Isidore de Milet construisirent la magnifique église
de Sainte-Sophie, dont les Turcs ont fait une mos-
quée. Bien d'autres monuments de cette époque ornaient Constantinople. Les invasions de Bajazet, de
Mahomet le Conquérant, n'y laissèrent que du sang
et des ruines.

Ces peuples nomades partis des confins de l'Asie devaient à leur tour se tailler un empire dans l'immensité de leur nouvelle conquête. Pendant que les uns s'établissaient à Constantinople et formaient l'empire ottoman, d'autres se répandaient en Asie Mineure, en Égypte, en Espagne. Les Abassides fondaient Bagdad et y entassaient toutes les richesses d'un luxe oriental. Haroun-al-Raschid traitait de pair avec Charlemagne, et la brillante fécondité de la race arabe donnait un essor merveilleux aux lettres, aux sciences et aux arts. Les mosquées du Caire, avec leurs minarets, leurs colonnes à chapiteaux corinthiens, n'étaient qu'un rajeunissement et qu'un enrichissement du système architectonique du Bas-Empire. Le style mauresque lui-même, qui remplissait de ses somptueux exemplaires Grenade, Séville et Cordoue, tirait son origine de Sainte-Sophie, mais en y ajoutant un luxe d'ornements géométriques inconnu des âges antérieurs. Ce n'était partout que losanges, triangles, enlacements de rubans, d'arcades,

galeries de colonnettes à trèfle, plaques en mosaïques,
enchevétrements d'arabesques, de lacs, d'entrelacs,
combinaisons féeriques de couleurs éclatantes. Le ca-
lifat de Cordoue, la domination des rois maures, eurent leur instant de prospérité. Puis les excès du des-
potisme étouffèrent cette civilisation naissante. L'éclat
jeté en Asie et en Europe par le génie arabe et mauresque ne dura qu'un temps. Semblables à ces éclairs
qui sillonnent la nue, les lueurs lumineuses dont le
monde fut un instant ébloui s'éteignirent presque
aussitôt après leur apparition.

A peu près à la même époque, en Allemagne, en
France et dans les autres pays, à l'Occident et au
Nord, des ruines de l'architecture gréco-romaine
sortait le style roman, qui, se combinant avec des
éléments indigènes, forma, suivant les peuples, l'architecture normande, lombarde ou saxonne, jusqu'au
jour où l'influence arabe, par sa profusion d'ornementations fantastiques, altéra la rude simplicité du pur
style roman, et engendra l'art improprement appelé
gothique. Dès lors, l'ogive se greffa sur le plein
cintre, et l'alliance, le concert de ces deux styles,
d'un accent si varié, trouva son expression sympho-
nique dans Notre-Dame de Paris, qui nous en présente l'explication la plus voisine, le résumé le plus
complet. Mais avant que les lourds piliers de Saint-
Germain-des-Prés devinssent les élégantes colonnettes de la cathédrale de Bourges, quelle floraison
de méandres, de fleurons, de rosettes ! Combien
d'édifices romans couvrirent du IXe au XIIe siècle
le sol encore vierge du royaume des Francs ! Leur

aspect sombre et monacal était la traduction fidèle de la ferveur religieuse qui remplissait le monde. La toute-puissance émanait de Rome, et la souveraineté guerrière des papes s'affirmait dans cet abondant concert d'églises aux solides assises, dans la création constante d'austères abbayes. L'architecture romane parvint à son apogé sous la papauté du moine Hildebrand, devenu Grégoire VII. A cette piété ferme, sévère, imposante, il fallait des œuvres simples, calmes et puissantes. L'énergie de ce caractère inébranlable transformait en quelque façon la pierre, lui communiquait pour ainsi dire un peu de sa force, de sa solidité, et son souffle religieux animait des corporations d'architectes qui se faisaient, dans la construction de leurs églises, l'instrument inconscient de ses inspirations.

En second ordre venaient la sculpture, la peinture, mises en discipline sous l'architecture. Statues et vitraux complétaient l'œuvre, comme les satellites complètent Saturne, en conservant une certaine part d'individualité. Mais la Renaissance seule rendra à chacune des branches de l'art sa pleine indépendance. Jusque-là, c'est l'architecture qui concentre tous les efforts.

Il faut aller jusqu'à Philippe-Auguste pour rencontrer un art vraiment national. Après Bouvines, en 1214, la France se forme. Ce n'est plus la Neustrie, l'Austrasie, ce n'est plus l'empire d'Occident, c'est la France, c'est l'unification du pouvoir, du territoire, de la langue, de la littérature, de la société; c'est le commencement d'une nationalité distincte, et l'apparition d'un art absolument original. Le style roman a vécu, le gothique étale partout au XIIIe siècle ses dentelles de pierre. La Sainte-Chapelle dresse vers le ciel sa flèche flamboyante. La cathédrale d'Amiens, œuvre de Thomas de Cormont, expose aux yeux d'un peuple plein de foi ses belles roses mystiques, ses feuilles de lierre, de chêne, de vigne, sa luxuriante végétation de pierre.

La pensée du moyen âge est tout entière dans ces cathédrales, dues à l'expansion du sentiment religieux, au zèle des évêques, aux libéralités des particuliers, dans ces donjons, forteresses du seigneur, prolongeant leur ombre sinistre sur les hameaux des roturiers et des vilains; dans ces hôtels de ville enfin, signe de l'affranchissement des communes et de l'extinction progressive de la féodalité. La France artistique étend ses rameaux même à l'étranger. Les cathédrales de Burgos et de Cologne, l'abbaye de Westminster, ne sont, comme le dôme de Milan, que des imitations du style ogival français.

A chaque moisson nouvelle de chefs-d'œuvre est mêlé quelque grand nom célèbre dans la politique. Rois et ministres rivalisent de zèle pour la protection des arts. Sous Louis VII, tous les travaux décoratifs de la basilique de Saint-Denis, de l'abside de Saint-

.. Saturnin de Toulouse, ont été exécutés d'après les
ordres de Suger, son ministre. Charles V est le créa-
teur de la première Académie, celle de Saint-Luc,
qui fut réorganisée en 1391 et dura jusqu'au
XVIII⋅ siècle. Il serait curieux d'observer les travaux de ces artistes, qui ont su appeler sur eux l'intérêt bienveillant du souverain. Peintres, sculpteurs,
architectes, élevés tous à la même école, n'avaient
qu'une faible préoccupation de la forme, de ce qui
frappe les sens. Profondément imbus d'idées reli-
gieuses, ils s'attachaient principalement à spiritua-
liser la nature. Les peintres sur verre, sur bois, sur
émail, donnaient à leurs madones, à leurs chris s, une
physionomie divine. Négligeant les lignes du corps,
pour ne dessiner que la tête, ils s'efforçaient de faire
transparaître la pensée. Les sculpteurs imprimaient
à leurs statues de saints et de saintes un caractère
svelte, élancé. Leur enveloppe corporelle était assez
légère, assez mince pour ne point empêcher l'âme de
s'élancer d'un vol rapide vers les sphères éthérées, et
leur maigreur extatique s'encadrait harmonieuse-
ment dans les arêtes longues et aiguës des cathédrales gothiques. Enfin l'architecte, soutenu par le roi,
l'évêque, le seigneur et le bailli, imprimait le mouvement aux divers corps de métiers employés à l'a-
chèvement de la basilique, et les dirigeait tous vers
un but unique : l'expression d'une foi débordante.

C'est vraiment un merveilleux et touchant spec-

tacle que celui de l'art français du XIIIe au XVe siècle! Sur le haut des collines, dans tous les centres
populeux, l'église est là, élevant ses tours suppliantes
comme les bras d'un homme en prière. « J'aime l'art
quand il fait rêver, disait Simart, quand il saisit
le cœur; j'aime l'art qui fait pleurer. » Il n'est rien,
en effet, qui remue profondément les fibres les plus
intimes de l'âme humaine comme la vue réfléchie
d'une de ces églises du moyen âge.

Pénétrez, en un de ces jours d'amertume, où l'âme
endolorie a soif des célestes consolations, pénétrez
dans la longue et haute nef d'une cathédrale gothique, errez au milieu de cette forêt d'aiguilles, de
lancettes, de colonnettes si ouvragées, si fines qu'elles
paraissent impalpables; inondez votre regard des
clartés mystérieuses que répand la pourpre sanglante
des vitraux aux étincelantes couleurs, et dites si
vous ne vous sentez pas ému et troublé de tant de
merveilles et comme saisi d'un sublime éblouisse-
ment.

Dans ce sanctuaire du silence et du recueillement,
ne vous semble-t-il pas qu'une vie cachée anime ces
pierres, et que l'esprit qui les habite ne les a ainsi
creusées, fouillées, subtilisées, que pour diminuer la
distance qui le sépare de l'infini. Toutes ces gerbes,
ces flammes, ces flèches, qui montent, montent sans
cesse en s'affinant toujours davantage, ce sont comme
autant de soupirs vers l'Éternel divin. La ferveur

de ces premiers siècles de dévotion expliquait les bizarreries, les étrangetés d'une architecture empreinte d'ardente piété. Mais, quand les premiers germes de l'incrédulité se glissèrent au sein de la foi naïve et commencèrent à la corrompre, l'art s'abâtardit à son tour, le gothique perdit l'expression touchante et symbolique du style rayonnant pour tomber dans les exagérations et les caprices du style flamboyant. L'élégance fit place à la coquetterie, et la blanche église de Brou, surchargée de pendentifs, de broderies, de frisures, fit regretter la beauté pure, vierge, du portail de Reims et du chœur de Beauvais.

Mais si l'architecture s'épuisait en détails incohérents et superflus, si la sculpture avait peine à s'affranchir de la raideur et de l'aridité dans les formes, la peinture était à la veille de fournir sa glorieuse carrière, et les agitations, le mouvement qui accompagnèrent sa naissance présageaient sa vitalité. De toutes parts s'organisaient des associations, des corporations dont l'importance croissait de jour en jour. Des sociétés de mosaïstes se constituaient même avant le XIe siècle. Vers 1060, Didier, abbé du Mont-Cassin, ouvrait une école de peinture, appelant dans son abbaye les peintres les plus habiles pour y donner des leçons à la jeunesse. Cette réunion d'artistes, suivant Missirini, forma la première académie : *prima accademia delle arti*. Puis le nombre des confréries s'étendit tant en France qu'en Italie. Sienne, Venise, *la città d'oro*, » comme dit Pétrarque, chaque grande cité eut sa compagnie de peintres. A Paris, sous Charles VI, le prévôt des marchands aida à la création de la maîtrise de Saint-Luc. L'esprit d'association trouvait encore un aliment dans les embellissements que l'industrie demandait aux arts. Si l'on veut comprendre l'habileté des prédécesseurs de Raphaël, il faut l'étudier surtout dans les peintures des dyptiques qui couvraient l'intérieur des églises ; dans celles des coffres, siéges, armoires, qui ornaient la demeure des bourgeois opulents ; dans l'iris capricieux des images qui brillaient sur les boucliers, les harnais dont se servaient les gens de guerre ; dans les enluminures des missel, et des livres de légendes.

Mais, quelque nombreux qu'aient été les efforts individuels afin de sortir de l'engourdissement du moyen âge, il fallut le grand mouvement de la Renaissance pour amener un complet réveil des Beaux-Arts. L'invention de l'imprimerie, le retour vers les études antiques, les découvertes de la science, en renouvelant le milieu humain, préparèrent la voie aux puissants génies qui firent de l'Italie la terre classique des arts.

La Renaissance. — Les ducs de Bourgogne. — François Ier. — Charles-Quint. — Les Médicis. — Léon X.

A partir du XVe siècle, une transformation absolue s'opère dans toute l'Europe. La féodalité s'éteint et les nationalités augmentent. Princes et rois remplacent suzerains et vassaux, héritant de leur autorité et de leurs seigneuries. En France, Louis XI continue l'œuvre de Philippe-Auguste, longtemps suspendue par des discordes intestines. En Italie, la lutte des Guelfes et des Gibelins se termine par la défaite de l'aristocratie gibeline. Les Médicis sont maîtres à Florence avec Côme et Laurent le Magnifique, à Rome avec le pape Léon X. Les Visconti, les Sforce, Louis le More, dominent à Milan. Ferrare est sous le sceptre de la maison d'Este. Venise dépend du sénat et des doges. Il ne reste partout des républiques italiennes que le nom pour flatter les masses, mais en réalité les rênes du pouvoir sont entre les mains fermes du prince ou de son conseil. Les longues années d'un commerce assidu avec le Levant enrichissent ces nombreux podestats. En même temps, le sentiment d'un bien-être inaccoutumé écartant des maginations populaires la recherche quotidienne des moyens d'existence, les prédispose davantage à l'appréciation des jouissances du luxe et des beautés de la forme. Quand, après l'école byzantine de Cimabuë, le prophète de la Renaissance, Giotto, apparut, il était attendu. Le peintre qui sut le premier mettre la bonté dans ses figures trouvait une société fine, délicate, apte à le comprendre comme la société athénienne à saisir le génie de Phidias. Le bûcher était prêt, il y mit l'étincelle, et cette étincelle parcourut le monde. La renaissance, partie d'Italie, envahit les Flandres, l'Allemagne, la France. Les Flandres, sous la féconde impulsion des ducs de Bourgogne, produisirent Jean de Bruges, Mabuse et Memling ; l'Allemagne, Albert Dürer, qu'anoblit Maximilien, et Holbein, l'Érasme de la peinture, le favori d'Henri VIII, dont il fut comblé de présents ; la France, enfin, Jean Fouquet, Simon du Mans, Michel Colombe.

Mais le vrai moment de la suprématie italienne ne commence qu'après les descentes dans la Péninsule de Charles VIII, de Louis XII et de François Ier. Le temps des prémisses est passé ; nous pénétrons dans le XVe siècle et ses chefs-d'œuvre. Grande et profonde fut l'impression que produisit sur l'esprit des rois de France leur passage à travers les cités italiennes. Cette Italie qu'ils voyaient pour la première fois leur faisait l'effet d'une terre promise. Une abondante prospérité matérielle, une vie de mœurs faciles et brillantes, un climat d'une inaltérable douceur, le contact d'intelligences vives et variées, c'était plus qu'il n'en fallait pour laisser de cette terre bénie du soleil un souvenir impérissable. Mais les hasards de la politique faisant du retour en France une impérieuse nécessité, les Valois, pour se consoler de quitter l'Italie, emmenèrent avec eux ses peintres et ses sculpteurs. Léonard de Vinci, André del Sarto, le Primatice, le Rosso, Benvenuto Cellini, suivirent François Ier. Dès lors l'art français se fit italien pour complaire au roi et à ses ministres. Jean Clouet s'inspira de Léonard de Vinci, Jean Cousin imita le Rosso. Déjà sous Louis XII et le cardinal d'Amboise, l'ancienne Chambre des comptes, brûlée en 1737, avait été construite sur les plans de l'Italien Fra Giocondo. Les châteaux de Blois, de Chambord, de Chenonceaux, de Nantouillet, inaugurèrent l'architecture nouvelle ; la délicieuse chapelle du château d'Anet, élevée par Philibert Delorme, donna la vraie mesure du style de la Renaissance. L'ornementation, les détails étaient empruntés à l'Italie ; l'ensemble conservait son cachet d'originalité.

La sculpture française qui se personnifiait, à l'aurore du XVe siècle, dans les maîtres de Rouen, de Dijon, procéda bientôt de Benvenuto Cellini, de Paul Ponce Trébatti. Ici encore l'influence italienne est sensible, et le ciseau de Jean Goujon semble, en bien des endroits, conduit par la main du Primatice.

François Ier, la providence des artistes, si bien fait d'ailleurs pour les aimer et les comprendre, allait jusqu'à convier à sa cour Raphaël et Michel-Ange, et n'acceptait leurs excuses que contre l'envoi d'un chef-d'œuvre. Parmi les nombreux travaux qu'il ordonna, comme des aliments à son ardeur du beau, la décoration du palais de Fontainebleau occupe assurément une des premières places. Nationaux et étrangers y rivalisèrent d'invention et d'habileté. A côté de Niccolo d'Abate, de Pellegrini, on vit des peintres français : Louis Dubreuil, Jean Samson, les frères Dorigni, dont le vandalisme de l'histoire n'a respecté que les noms.

C'est dans ce même palais que le roi eut le premier l'idée d'établir une de ces collections de tableaux qu'on a depuis rassemblées au Louvre. Origine des musées, cette collection d'œuvres intéressantes, acquises par les soins d'André del Sarto et du Primatice, faisait de Fontainebleau une petite Rome, où les peintres venaient étudier, et dont la fréquentation a formé un certain nombre de très-habiles maîtres. Qui donc a permis au souffle italien de rajeunir cet art français que le moyen âge voyait incessamment pâlir, malgré des tentatives isolées, sinon cette dynastie des Valois, qui réussit à acclimater en France le goût exquis d'un peuple voisin? Oserait-on le méconnaître? la renaissance française n'a été qu'un fruit de la renaissance italienne; et si le nord, réchauffé de ce vent parfumé du sud, a cru sentir, comme dit le poëte, « une odeur de paradis », l'honneur en revient tout entier à François Ier, digne continuateur des traditions de Charles VIII et de Louis XII.

Les temps étaient d'ailleurs très-favorables aux beaux-arts. En Italie aussi bien qu'en France, les souverains et les grands se passionnaient pour une statue, pour un tableau. Cosme de Médicis donnait aux artistes des franchises plus considérables que celles qu'il accordait aux gentilshommes, « parce que, disait-il, la noblesse due à la naissance est un pur effet du hasard, au lieu que celle qui s'acquiert par l'exercice des beaux-arts est une récompense légitime de la vertu ».

Il considérait comme le plus grand honneur d'être membre de l'Académie florentine, et voulut être reçu académicien. C'est encore lui qui se montrait si tolérant pour un de ses peintres favoris, fra Filippo Lippi, prétendant qu'on devait traiter les hommes de talent comme des essences célestes et non comme des bêtes de somme. La peinture surtout exaltait les imaginations, et Vasari s'écriait dans son enthousiasme qu'elle tirait son origine du ciel, et qu'elle avait été inventée par Dieu même.

Autant de petits États séparés et de cours distinctes, autant d'écoles différentes. Chaque podestat avait une cour brillante, où les artistes dominaient. Dans chacune de ces principautés, les carrousels, les bals, les mascarades, tout était calculé pour les jouissances du regard, et les peintres y trouvaient à la fois des combinaisons de lignes et des harmonies de couleurs qui devaient souvent leur servir dans la composition de leurs tableaux. N'est-ce pas en effet le spectacle de la vie fastueuse des Vénitiens, de leur physionomie souriante et ouverte, qui poursuivait Paul Véronèse lorsqu'il peupla ses *Noces de Cana* de personnages richement vêtus, dont les costumes ne sont qu'une série d'anachronismes?

Ce n'était pas seulement les premiers magistrats des cités italiennes qui, à l'exemple de Laurent le Magnifique, encourageaient la production artistique de leur admiration et de leur fortune. Michel-Ange, en perdant son protecteur illustre, à la place de Laurent trouvait encore Jules II. La papauté, occupant aussi sa place parmi les royautés temporelles, ne demeurait pas insensible à l'efflorescence merveilleuse qui révolutionnait l'Italie. Léon X pouvait être compté au nombre des plus fins connaisseurs de son temps. Son goût délicat, sa passion pour le beau le rendaient cher aux esprits cultivés. Tout le monde sait de quelle paternelle affection il suivit les diverses manifestations du génie raphaëlesque. Quiconque d'ailleurs appartenait à la libre profession des arts était sûr de trouver auprès de lui bienveillance et appui. Son nom est resté attaché à la renaissance des lettres et des arts, et l'on appelle aujourd'hui son époque : le siècle de Léon X, comme on dit : le siècle d'Auguste, le siècle de Périclès.

Plus tard, Grégoire XIII s'exprimait ainsi dans un bref célèbre, qui semblait la charte des artistes : « Nous inclinons singulièrement à protéger les beaux-arts, et surtout ceux qui contribuent à l'ornement et à la splendeur de cette ville... » Sixte V confirmait à son tour la bulle signée par Grégoire XIII.

Nous sommes éloignés, on le voit, de l'ère des dévastations des iconoclastes. Ce que des fanatiques malavisés avaient voulu détruire comme objet de corruption, des pontifes plus éclairés le gardaient précieusement comme modèles de la vraie beauté. Relevant ainsi le niveau moral de l'art, ils creusaient pour toujours un abîme entre l'artisan et l'artiste. Le beau retrouvait sa place idéale, et les princes de la religion en faisaient un attribut de Dieu même. L'exemple venant de haut, l'effet fut immense. Un tressaillement parcourut toute l'Italie. Il est peu d'époques où le génie ait été plus honoré, peu d'époques où fut fréquenté davantage le chemin qui mène à l'infini. Ce serait une étude inépuisable que de rechercher quels protecteurs, depuis les papes jusqu'aux grands seigneurs, sut se conquérir chacun des peintres de la Renaissance, non-seulement en

Italie, mais par toute l'Europe. Si les Médicis étaient fiers de l'amitié de Michel-Ange, si Léon X admirait Raphaël, Charles-Quint s'enorgueillissait de la société du Titien, les Gonzague appelaient Jules Romain à Mantoue, le cardinal Farnèse confiait aux Carrache la décoration de son palais.

L'impulsion une fois donnée, le mouvement ne s'arrêta plus, et passa de la Péninsule dans les autres pays de l'Europe. Après l'Albane et Lanfranc, l'art, faiblissant en Italie, se releva plus puissant dans les écoles flamande, espagnole et française. La séve s'était déplacée : Rubens semblait avoir surpris le secret du coloris des maîtres vénitiens; Ribeira et Zurbaran avaient hérité de la fougue du Giorgione et du Caravage; Vouët et le Poussin se souvenaient de Paul Véronèse et de Jules Romain. En même temps, c'était à qui des souverains posséderait ces grands génies. La gloire qui avait rejailli sur Laurent de Médicis, Léon X, François Ier et Charles-Quint, tourmentait l'imagination de leurs successeurs : ils avaient soif, à leur tour, des merveilles de cet art, qu'ils considéraient à juste titre comme un des plus beaux fleurons de leur couronne.

Il faut lire spécialement la vie de Rubens pour se faire une idée des rapports qui existaient entre les artistes et les rois. Le célèbre échevin d'Anvers jouait à la fois le rôle d'ambassadeur et de peintre. On ne se peut figurer l'accueil qu'il reçut de Philippe III,

roi d'Espagne, auprès de qui il était venu chargé
d'une mission diplomatique par le duc de Mantoue.
La renommée de son talent le précédait partout sur
son passage, et ses voyages n'étaient qu'une suite de
triomphes. Tantôt Marie de Médicis le suppliait de
venir décorer la grande galerie du palais du Luxembourg; tantôt Charles Ier le choisissait pour résou-
dre les différends qui existaient entre l'Angleterre et
l'Espagne; puis l'archiduc Albert et l'infante Isa-
belle, pour le retenir dans les Flandres, le nom-
maient chambellan, avec une pension considérable.
Cette situation privilégiée, que le chef de l'école flamande avait conquise à la pointe de son pinceau,
ces honneurs que chacun lui prodiguait à l'envie, ne
constituaient pas alors un fait isolé. Au contraire,
l'Europe était remplie d'Augustes et de Mécènes.
Emmanuel-Philibert de Savoie et Charles Ier d'Angleterre se disputaient Van Dyck, le disciple préféré
de Rubens. L'archiduc Léopold élevait Téniers à la
dignité de peintre de sa cour, de directeur de sa galerie de tableaux, et la reine Christine de Suède
l'affectionnait au point de lui envoyer son portrait
avec une chaîne d'or. Velasquez, à Madrid, vivait
dans l'intimité de Philippe IV, et, lorsqu'il se rendit en Italie pour acheter les objets d'art destinés à
l'académie de peinture, qu'il projetait d'établir en
Espagne, le pape Innocent X ne voulut point le
laisser partir de Rome qu'il n'eût fait son portrait.

Ribeira, reçu au nombre des membres de l'Académie de Saint-Luc à Rome, et décoré de l'ordre du
Christ par le pape, en 1644, devenait le bras droit
du vice-roi de Naples et mariait sa fille à un de ses
ministres.

A la fin des guerres de religion, lorsque les gouvernements eurent repris à peu près leur assiette, et que la grande effervescence fut calmée, il se fit un grand apaisement; l'art retrouva le calme nécessaire à son expansion. Le pouvoir, sortant de la lutte qu'il venait de soutenir plus fort, plus centralisé, commença à exercer sur l'art une action bien autrement directe et déterminée. La peinture particulièrement entra dans une phase nouvelle, et, tout en puisant aux sources de l'école italienne, prit un caractère plus précis, plus original. L'appui que le gouvernement prêtait aux artistes aida beaucoup à cette transformation, et de même que François Ier avait, par les importations italiennes, en excitant l'amour propre de la France, stimulé son éducation nationale, Richelieu et Colbert, par l'application de leur système protecteur aux produits de l'art indigène, dégagèrent l'esprit français de tout lien étranger, et préparèrent l'éclosion artistique du XVIIe siècle.

L'école française ne commence vraiment que dars

l'atelier de Simon Vouët. Quand ce peintre, pressenti par le pape Urbain et les Doria, vint à Paris en 1627, le roi Louis XIII s'inscrivit au nombre de ses élèves, et lui donna le brevet de premier peintre, une pension fort large et un logement au Louvre. Il fut bientôt chargé des décorations du Louvre, du Luxembourg et de Saint-Germain en Laye. Le cardinal de Richelieu, qui l'avait pris en grande amitié, lui confia successivement les peintures du château de Rueil et du Palais-Royal. Tout-puissant auprès du roi et des ministres, il régnait par son entourage à la cour, et les premiers seigneurs du royaume, le duc d'Aumont, le maréchal d'Effiat, s'estimaient trop heureux qu'il voulût bien distraire à leur profit quelques-unes des couleurs de sa palette.

La vogue des œuvres de Vouët était à son comble, quand parut un nouveau venu qui l'éclipsa complétement : ce nouveau venu s'appelait Nicolas Poussin. Entre Mantes et Rosni, sur les gracieux coteaux qui bordent la Seine, non loin des Andelys, s'élevait le célèbre château Gaillard. C'est là que naquit Le Poussin en 1594. Sa jeunesse fut dure, pénible, presque misérable. Il restait obscur, malgré d'éminentes qualités, lorsque le cavalier Marini devina son talent, se l'attacha et, l'emmenant avec lui à Rome, le fit recommander aux bonnes grâces du cardinal Barberini, neveu du pape Urbain VIII.

Mais bientôt privé de ses deux protecteurs, il serait retombé dans la plus profonde misère, si le commandeur Cassiano del Pozzo, de Turin, amateur passionné des arts, ne s'était intéressé à lui, et ne lui avait demandé plusieurs compositions. Poussin exécuta alors une de ses œuvres les plus retentissantes : une suite des sept sacrements. Dès ce moment son existence fut plus douce et moins exposée au hasards de la vie. Après avoir travaillé pour la duchesse d'Aiguillon et le maréchal de Créqui, il fut appelé à Paris par le surintendant des bâtiments du roi, M. de Noyers. Louis XIII même lui écrivit, et quand il rentra à Paris, Richelieu le reçut à bras ouverts. Nommé premier peintre de Sa Majesté, il orna les chapelles de Fontainebleau, de Saint-Germain, et eut la direction générale des ouvrages de peinture et d'ornements des maisons royales.

Son ancien compagnon, Philippe de Champaigne, fut aussi choisi par Richelieu pour décorer ses palais, et remplaça Du Chesne, premier peintre de la reine.

Le cardinal, secondé d'ailleurs dans ses tentatives d'encouragement par le grand nombre de nobles, de magistrats, de financiers qui se donnaient le luxe d'avoir des châteaux, des hôtels, ouvrit la voie que suivirent après lui Mazarin, Anne d'Autriche, Colbert et Louis XIV.

Pendant que Mazarin, néanmoins, attiré sans cesse

vers l'Italie par le souvenir de sa naissance, appelait,
pour peindre les plafonds de son hôtel, deux de ses
compatriotes, Romanelli et Grimaldi, la reine mère
chargeait l'architecte Lemuet de construire le Val-
de-Grâce, et employait à la décoration de sa délicieuse coupole les frères Anguier, émules de Sarazin, et les deux Champagne. Elle commençait en
même temps la réputation de Lebrun à la Cour en lui
faisant peindre pour son oratoire le *Crucifix aux
anges*, et arrachait Lesueur à la protection du président Lambert de Thorigny pour confier à son
pinceau ses appartements du Louvre.

Lesueur avait déjà disparu dans la fleur de ses années, et le Poussin touchait au terme de sa carrière, quand il plut à Louis XIV de gouverner par lui-même. Ici nous entrons dans une période spéciale, une période d'action immédiate et décisive. Plus de ces encouragements isolés donnés par les rois, les ministres, à tel ou tel peintre déterminé ! Plus de ces simples prédilections qu'une sympathie naturelle faisait naître ! Sans répudier absolument certaines préférences instinctives, le gouvernement du roi, représenté par Colbert, préoccupé surtout des dangers que pouvaient entraîner pour les progrès de la peinture des institutions vieillies, usées, jette les bases d'une organisation nouvelle, et rattache de plus près les arts à l'État.

On ne saurait trop admirer la haute intelligence de Colbert, ce ministre à qui Louis XIV est redevable de la plus grande partie de sa gloire. D'un caractère ferme, opiniâtre, assez rude d'aspect, mais prudent et habile, il arrivait au moment voulu pour débrouiller le chaos des maîtrises et des jurandes.

Son premier acte fut sinon de créer l'Académie de peinture, ainsi qu'on lui en attribue l'honneur dans son éloge à l'Académie, du moins de lui donner la force de s'affirmer et de vivre, qui lui manquait auparavant.

Depuis le jour où la confrérie de Saint-Luc, ou Société des maîtres peintres, s'était formée, sur l'initiative du prévôt de Paris, en 1391, et avait reçu du roi les priviléges de la jurande, les inconvénients inhérents au régime tracassier et tyrannique de cette association avaient obligé les peintres qui se sentaient du génie à s'affranchir de la domination inintelligente de la coterie de Saint-Luc, pour chercher un refuge sous la protection des rois. Mais bientôt s'élevèrent de nouveaux démélés entre les maîtres peintres et sculpteurs de Paris et les privilégiés du roi qui obtenaient trop facilement des brevets. C'est alors que certains artistes de premier mérite, désireux de se placer tout à fait en dehors de ces discussions et de ces controverses, nuisibles à leurs travaux, résolurent de s'associer entre eux. Charles Lebrun, Eustache Lesueur, Sarazin et quelques autres se réunirent chez Charmois, secrétaire du maréchal de Schomberg, et y dressèrent les premiers statuts de leur société.

Mais cette simple réunion d'amis n'avait aucun caractère viable ; il lui manquait l'autorité nécessaire

à toute institution de ce genre, quand Colbert entra
en scène. D'un coup d'œil prompt et sûr, décou-
vrant les difficultés et apercevant le remède, il se
déclara l'énergique défenseur de l'Académie de peinture, rédigea lui-même les nouveaux statuts et lui
fit obtenir un brevet du roi, accordant à chacun de
ses membres l'exemption des lettres de maîtrise,
mille francs de pension et d'autres priviléges. La
situation était exceptionnelle et permettait de lutter
avec avantage contre la maîtrise de Saint-Luc.
Quand M. Ratabon, surintendant des bâtiments, se
rendit, à la tête de l'Académie, pour présenter à
M. Molé, garde des sceaux, les nouvelles lettres pa-
tentes que cette compagnie venait de recevoir et qui
terminaient ainsi les longues discussions qu'elle
avait essuyées :

« Quoi! lui dit ce magistrat avec un rire moqueur, une académie de peintres! — Oui, Monseigneur, répondit le surintendant, une académie vraiment digne de cette noble qualité où les beaux-arts
honorés dans l'ancienne Grèce et par des empereurs
romains sont enseignés sur des principes solides et
d'une manière savante et lumineuse. »

Son rôle était ainsi tracé, et Voltaire, un siècle plus
tard, dans une appréciation générale, en exposait
dans ces termes la haute utilité : « Les académies,
disait-il, sont aux universités ce que l'âge mûr est à
l'enfance, ce que l'art de bien parler est à la gram-

maire, ce que la politesse est aux premières leçons de la civilité. » Il marquait du même coup la mission respective de l'École des beaux-arts et de l'Académie.

Le génie actif de Colbert ne pouvait s'en tenir là. En 1664, il achetait la surintendance des bâtiments, en faisait la direction générale des Beaux-Arts, et y donnait l'importance d'un ministère spécial. A partir de ce moment, Colbert est le maître absolu. Véritable incarnation de Louis XIV, il hérite de l'esprit dominateur du souverain, nomme ou fait nommer Lebrun, l'ancien favori du surintendant Fouquet, directeur de cette Académie de peinture et de sculpture, à la formation de laquelle il avait d'ailleurs tant contribué. De plus, il crée pour lui en 1667 la direction des Gobelins.

On étudiait alors l'achèvement du Louvre. Levau, qui déjà en 1664 s'était fort mal acquitté de la réparation des Tuileries, en écrasant par un dôme lourd et disgracieux les élégantes constructions de Philibert Delorme, se trouvait de nouveau chargé de relier le Louvre aux Tuileries. Quand Colbert vit le plan du premier architecte du roi, il le trouva tellement inférieur aux œuvres inachevées de Pierre Lescot et même de Lemercier, qu'il le rejeta complétement et mit la grande façade du Louvre au concours entre tous les architectes de France et d'Italie. Qu'on juge de l'émotion causée par une nouveauté

si hardie! Le gouvernement ne se contentait plus
d'apporter aux choses de l'art son bienveillant intérêt, il entrait de plain pied dans le monde des artistes et y voulait jouer aussi son rôle. Dans les deux
pays, on se mit à l'œuvre; chacun avait son projet,
et une avalanche de dessins s'abattit sur Colbert.

A Rome vivait alors un célèbre sculpteur qui faisait dans la cité des papes la pluie et le beau temps.
Le cavalier Bernin, c'était son nom, chargé des embellissements de Saint-Pierre et de la place circulaire
qui précède la basilique, s'était acquis l'amitié profonde des papes Paul V, Grégoire XV et Urbain VIII.
Sa renommée était venue jusqu'en France, et
Louis XIV fut bien aise de le consulter sur la grave
question de la restauration du Louvre. Mais ce faux
Michel-Ange, que la dégradation du goût contemporain osait comparer au divin sculpteur des Médicis,
ne réussit pas dans son séjour à Paris. Son style con-
tourné, mièvre, maniéré, ne pouvait s'accommoder
avec ce cachet de noblesse, de grandeur et de véritable élégance que Louis XIV cherchait à imprimer
aux œuvres de son temps. L'école peut-être un peu
fastueuse de Louis XIV, comparée à l'école sévère de
Richelieu, n'était pas encore cependant devenue
l'école molle et alanguie de Louis XV. L'âme du
Puget respirait à Versailles dans les groupes de *Milon
de Crotone* et de *Persée*. La grâce un peu apprêtée de
Coysevox et des Coustou se réservait pour les fantai-

sics du siècle suivant. Les tendances du Bernin, pas plus que celles du Borromini, ne pouvaient donc trouver d'écho au milieu de ces œuvres des architectes du XVIIe siècle, d'un style simple, austère, grandiose, comme la poésie de Corneille ou la prose de Descartes.

La Cour, devenue un foyer de lumière sous la main puissante du roi et de son ministre, repoussa ce brillant esprit italien, et le força de repasser les monts sans avoir obtenu à Paris le succès qu'il y attendait.

La France l'emporta dans ce concours pour les embellissements de la demeure de ses rois. Un homme jusqu'alors étranger à la profession d'architecte fit adopter le plan de sa façade, et l'on admire encore aujourd'hui les lignes pures, les belles proportions de la colonnade qui a gardé son nom. Le jugement sûr de Colbert désigna Claude Perrault, et la postérité s'est montrée plus équitable et moins chagrine que Boileau, en ratifiant le choix du premier ministre de Louis XIV.

Si l'Académie de peinture et de sculpture dut à Colbert la force et la vie, l'Académie complémentaire d'architecture lui dut la naissance, en 1671, avec le concours de Blondel, Bruant et Lepautre. Bien mieux encore, l'École de Rome, destinée à perfectionner au contact des grands maîtres les jeunes artistes formés par les Académies de Paris, est une fondation nouvelle à ajouter à l'actif déjà bien rempli de Colbert.

Tant d'utiles établissements portaient la fécondité dans la région des arts. Peintres, sculpteurs, architectes, mesurant la dignité de leur profession aux sentiments de vive sympathie qu'ils éveillaient dans les hautes sphères du pouvoir, rivalisaient d'invention et d'ardeur. La France n'était plus qu'un vaste atelier avec Paris pour centre. Lebrun dirigeait au Louvre les travaux de la galerie d'Apollon, et couvrait de peintures les plafonds et les voussures des appartements de Versailles. Mignard, ancien protégé du duc d'Orléans, devenu à la mort de Lebrun premier peintre du roi et directeur de l'Académie, travaillait à la coupole du Val-de-Grâce et dans les galeries de Versailles. Jouvenet prenait place au premier rang des artistes du XVIIe siècle par ses belles compositions : *Esther devant Assuérus, la Résurrection de Lazare, la Pêche miraculeuse, la Descente de la croix*, et exécutait de grands ouvrages à l'Hôtel des Invalides. Coypel, directeur de l'École de Rome, puis de l'Académie de peinture après Mignard, décorait l'appartement du roi aux Tuileries et dessinait des cartons pour les tapisseries des Gobelins. Le château de Meudon, la coupole des Invalides révélaient le talent de La Fosse. Largilière et Rigaud léguaient à l'histoire les portraits des célébrités du XVIIe siècle. Girardon, inspecteur général des sculptures, s'illustrait par le beau mausolée du cardinal de Richelieu à la

Sorbonne et par les groupes en marbre d'*Apollon chez Thétis*, de *Pluton enlevant Proserpine*, de *l'Hiver* dont il ornait le jardin de Versailles. Les bosquets de Marly, les Tuileries, étaient peuplés des sculptures de Lepautre et de Van Clève. Mansart achevait Versailles, le grand Trianon, la place Vendôme. L'architecture militaire trouvait son interprète aux Invalides dans Libéral Bruant. Le Nôtre dessinait des jardins et créait une nouvelle branche des arts. Audran, Poilly, Edelinck, s'illustraient dans la gravure.

Partout enfin l'État confiait aux artistes des travaux considérables, de vastes entreprises, et il utilisait ainsi les services des élèves qu'il avait formés dans ses Académies. C'était plus que les germes d'une organisation des Beaux-Arts, c'était cette organisation elle-même, et les additions, les changements relativement modestes que le temps devait y apporter, n'ont réussi qu'à mieux démontrer la solidité d'une charpente qui est restée l'inébranlable clef de voûte des institutions actuelles. Déclarons-le donc hautement : le siècle de Louis XIV a été pour les arts un immense bienfait. On serait mal venu de blâmer cet esprit de discipline qui a contribué, pour la plus grande part, à la création d'une école vraiment nationale. Un siècle qui a produit des hommes comme Poussin, Lesueur, Claude Lorrain et Le Puget, n'a pas de reproches à se faire ni de critiques à redouter. En venant puissamment au secours des artistes et les associant par ses institutions à la grandeur du pays, Louis XIV centuplait leurs forces, et le *Mercure galant* pouvait dire alors avec raison : « On ne doit pas s'étonner si l'on a vu sous le règne du roi de grands hommes de tous les arts. Comme ce monarque a soin de leur fortune, ils ont plus de temps pour étudier et pour se rendre parfaits dans tout ce qui peut contribuer à la satisfaction et à la gloire de la France. »

L'école française était dans tout son lustre et dans tout son éclat, quand jaillit, comme une source vive, du sol bas et marécageux de la Hollande, une école antagoniste et rivale. Quelle autre en effet que la peinture hollandaise marque avec les œuvres des Lebrun et des Mignard une opposition plus frappante, un contraste plus saisissant ! Et qu'était cette nation nouvelle, prenant subitement sa place dans le concert européen ? Qu'était cette dernière venue pour oser obscurcir un instant les rayons du Roi-Soleil ? Sur cette bande étroite de terre resserrée entre la Belgique et la Westphalie, tout avait été à créer. Le sol même manquait et il avait fallu l'improviser. Quand on visite la Hollande et qu'on considère ses canaux, ses digues, ses polders, ses villes entières construites sur pilotis, on est confondu des efforts qu'a dû coûter la lutte inégale de l'homme contre la nature à cette race indomptable, aussi patiente que hardie, digne descendante de ces Bataves dont César effrayé sollicitait l'alliance. Une fois le sol fa-

briqué, il s'agissait de l'émanciper. Que de luttes,
que d'opiniâtreté! Alors que Richelieu et Mazarin
préparaient en France la majesté de Louis XIV, au
nord des Pays-Bas un peuple misérable, peuple de
gueux, s'arrachait à la domination espagnole et
conquérait, avec l'indépendance, l'homogénéité. De
ce jour date la puissance des Hollandais. La Providence leur avait donné plus que la richesse et que
les biens passagers de ce monde, elle leur avait ac-
cordé la force nécessaire pour les acquérir et les conserver. Qu'on juge à quel état de prospérité ils
avaient dû parvenir, sous le stathoudérat de Guillaume III, prince d'Orange, pour porter ombrage à
Louis XIV! Une guerre était inévitable, et malgré
la disproportion des forces, la Hollande, qu'une
première défaite autorisait Girardon à représenter
vaincue dans un des bas reliefs de l'arc-de-triomphe
de la porte Saint-Denis, trouvait moyen d'imposer
plus tard à la France les traités d'Utrecht et de
Rastadt.

Il était donc aussi dans la destinée de cette nation
de prendre le XVIIe siècle à témoin de ses triomphes
et de ses gloires. Établissements de comptoirs dans
l'Inde, influence diplomatique en Europe, intégrité
territoriale, splendeur artistique, rien ne lui a manqué, et la traînée lumineuse qu'ont laissée derrière eux
Rembrandt, Paul Potter, Ruisdaël, et tant d'autres,
éclairera longtemps encore le monde, avant que le

rayonnement des écoles modernes soit assez étincelant pour la faire pâlir.

Rembrandt est un génie à part. On n'oublie pas,
quand on les a vus une fois, *la Ronde de nuit* du
musée d'Amsterdam, *la Leçon d'anatomie* du
musée de La Haye, *les Pèlerins d'Emmaüs* et *le
Ménage du menuisier*, qui sont aujourd'hui la propriété du Louvre. Nul n'a su mieux que lui pousser
plus loin la magie du clair-obscur par l'usage com-
biné des empâtements et des glacis. Plus philosophe
et moins vulgaire que Téniers, il pénètre jusqu'au
fond de l'humble demeure du peuple, jusque dans
l'atelier de l'artisan. Ses sujets, il les prend autour
de lui ; il n'est point dans la réalité de détails indi-
gnes de son talent ; son pinceau ne se rebute de rien ;
il se fait plus humain et plus vrai que les grands
esprits de la Renaissance ou de l'école française. Il
se rapproche davantage de la nature et la rend poétique à force de l'aimer.

Nos deux peintures de genre et de paysage procè-
dent directement des Hollandais. Ils sont nos maîtres et nous restons leurs élèves. Sous le gouvernement bourgeois de leurs stathouders et de leurs
grands pensionnaires, la vie domestique, la vie
réelle s'accentue et s'impose. Un modeste intérieur,
une boutique de drapier, une maison des champs
qu'abrite un chêne rabougri, un pâturage où paissent des troupeaux, une estacade pour protéger les

habitants de la côte contre les envahissements de la
mer: tels sont les modèles qui s'offrent constamment
à l'imagination de Metsu, de Terburg, de Van Ostade, de Potter et de Ruisdaël.

L'esprit d'un peuple s'incarne en ses ouvrages;
heureux quand il découvre des interprètes à la hauteur de ses pensées! Heureuse donc la Hollande qui
a pu se retrouver tout entière dans les œuvres de
ses enfants! Elle leur a ouvert son âme, et ils en ont
compris le sens intime et traduit l'émotion!

Mais ce qu'avait engendré une situation éminemment favorable, des circonstances moins propices le
détruisirent. Comme tous les bonheurs qui tiennent
en grande partie leur existence du concours des
événements, le succès de la peinture hollandaise ne
dura qu'un temps. Des déchirements intérieurs,
l'ingérence anglaise, l'amoindrissement du principe
des nationalités avaient bien diminué sa force
créatrice. La patrie de Guillaume d'Orange, de Jean
de Witt, d'Heinsius, n'était plus que l'ombre d'elle-
même, au moment où la France, malgré les premiers symptômes d'une décadence politique momen-
tanée, se sentait encore assez riche et douée d'une
séve assez abondante pour rajeunir et transformer
sa manière.

WATTEAU. — BOUCHER. — LOUIS XV. — GREUZE.
LOUIS XVI.

La tâche serait difficile, de trouver un terme de
comparaison à la fécondité merveilleuse en tous
genres du XVIIIe siècle! Que d'esprit, que de
finesse dans Voltaire! Que d'impressionnabilité,
que de passion dans Rousseau! Que de profondeur,
que de raison dans Montesquieu! Et les arts fleuris-
saient à côté des lettres! Mais, liés plus étroitement
au pouvoir, ils se modelaient sur l'esprit du gouvernement et se faisaient plus féminins, comme lui.
Le régime autoritaire de Louis XIV avait usé les
ressorts de l'énergie française ; à sa mort, chacun crut
pouvoir respirer librement. La Cour, sevrée de plaisirs dans les dernières années du vieux roi, s'aban-
donna aux plus extravagantes fantaisies de la volupté ;
et dans cette tragi-comédie qui a pour prologue les fo-
lies de la Régence et pour dénoûment terrible l'écha-
faud de la Révolution, on vit la majesté royale dé-
chirée en lambeaux et la quenouille détrôner le
sceptre. Le roi règne, la courtisane gouverne, et les

caprices de la femme, s'infiltrant dans les moindres régions de l'art, chassent le *beau* et créent le *joli*. Admettez l'art cotillon, vous ne pouvez plus refuser à ses nombreux disciples une somme énorme d'imagination et d'originalité. « N'est pas Boucher qui veut, » disait David à ses élèves incrédules, et David avait raison. Boucher est l'expression la plus complète de cette étonnante facilité du siècle qui a rempli de ses ravissants détails les boudoirs du monde entier. Son œuvre est immense et les dessins seuls dépassent le chiffre de 10,000. Et pourtant, au-dessus de Boucher, il y avait Watteau et Van Loo! Watteau, l'étincelant coloriste, était la passion des plus belles marquises du temps. La grâce de son dessin, l'élégance de sa touche, lui conciliaient tous les suffrages. Sa promptitude d'exécution était mise à profit, et il n'y avait pas jusqu'aux éventails qui ne tirassent toute leur valeur de sa signature. Carl Van Loo, étrange mélange de fraîcheur et d'incorrection, de naturel et de fausseté, était loin encore de tomber dans les bergeries de Boucher. Son style, agréable et moelleux, manquait peut-être de précision et de franchise. Dans sa *Halte de chasse,* comme dans beaucoup d'autres peintures du même genre, ses figures Pompadour jurent avec la simplicité de ses fonds. C'est de l'esprit de Voltaire dans un paysage de Rousseau; mais tout cela si charmant, si aimable, que le goût des arts envahissait à la fois souverains, princes, ministres et seigneurs. Le régent lui-même tenait le pinceau ; le burin du comte de Clermont, prince de sang royal, avait quelque valeur. Mme de Pompadour, de sa petite main délicate, gravait à l'eau-forte de délicieuses estampes.

Sous l'habile direction du ministre Orry, les tapisseries des Gobelins et de Beauvais, les porcelaines de Sèvres, acquirent une réputation européenne. L'Académie royale de peinture était alors si renommée qu'on la prit comme type des institutions du même genre fondées à Vienne, Berlin, Dresde, Copenhague, Saint-Pétersbourg, Londres et Édimbourg. Enfin, la fondation des expositions publiques devint régulière à partir de l'année 1737 ; et dans ce Paris qu'il appelait une nouvelle Athènes, Diderot devait bientôt écrire ses premiers articles de Salons, qui sont aujourd'hui encore des modèles d'excellente critique.

La sculpture à son tour glissait sur la pente de la grâce coquette et frivole. La pureté des lignes, la simplicité des attitudes avaient pour longtemps disparu. Bouchardon, nommé par le roi professeur à l'Académie, était dépourvu de force et d'élévation. Falconet et Pigalle brillaient seulement par une finesse, une habileté de main très-remarquables. Houdon était le De Latour de la statuaire.

C'était, si l'on veut, la fin d'un art qui s'éteint,

mais d'un grand art, comme la fin d'un beau jour, quand le soleil qui disparaît répand encore au loin ses lueurs crépusculaires.

Après la mort de Louis XV, l'honnêteté de Louis XVI agit sur la peinture et l'oblige à prendre une physionomie plus sérieuse. A la licence éhontée de Boucher succèdent alors la volupté plus voilée de Fragonard et la nuance sentimentale des scènes de famille de Greuze. Vernet, le peintre consciencieux de la mer, remplace les paysagistes d'opéra-comique, fades et monotones. Oudri, dans ses chasses, se rapproche de la nature, et Chardin excelle dans le genre familier.

A dater de 1760, un commencement de réaction s'opère dans la sculpture et l'architecture. Les formes exagérées, bizarres, les sculptures fantasques de Vénus disloquées et d'amours bouffis sont répudiées avec mépris. On revient à la sévérité des monuments antiques dans l'Hôtel des Monnaies, les deux colonnades de la place de la Concorde, l'École militaire, le Panthéon de Soufflot.

DAVID. — LA RÉVOLUTION.

La Révolution, qui détruisit l'ancien régime,
précipita davantage encore le mouvement rétrogade.
Tout devint grec ou romain : la peinture, l'architecture, la sculpture, l'orfévrerie, les meubles, l'ha-
billement, jusqu'aux discours des orateurs de la
Convention qui copiaient Démosthènes ou Cicéron.
« Telle société, tel art, » dit-on. Jamais plus exacte
vérité n'a trouvé une meilleure démonstration qu'au
temps où David exposait le *Serment des Horaces* et
la *Mort de Socrate.* L'enthousiasme de ce puissant
génie pour la statuaire grecque allait au point de
reproduire fidèlement, dans son tableau de l'*Enlèvement des Sabines*, quelques-unes des académies qu'il
avait le plus admirées à Rome ; et cette disposition
d'esprit à demander sans cesse aux œuvres de la
sculpture les personnages dont il avait besoin pour
ses grands sujets historiques le poussait à ne voir
dans la peinture que le dessin. C'est ce principal
défaut de son école qui a déteint sur Gros, Gérard,
Ingres, etc. Mais la responsabilité en revient moins

à David qu'à cette époque pleine de réminiscences de l'antiquité, dont il n'était que l'ardent apôtre.

Chose remarquable ! Au milieu des ruines amoncelées de toutes parts, au sein d'un courant d'idées entraînant les artistes dans des régions inexplorées, subsistaient, comme des épaves échappées au naufrage, les institutions protectrices de la royauté. La tourmente révolutionnaire, qui ravageait tout sur son passage, fit plus que de respecter les fondations de Colbert, elle les étendit et les améliora. Le principe fut conservé, mais on y apporta les modifications que réclamait l'expérience. La même pensée qui avait inspiré la création de l'ancienne Académie de peinture, et que traduisaient si bien ces paroles gravées sur ses armes : *Libertas artibus restituta*, continua de diriger les novateurs de 89. C'est ainsi que la Convention, en supprimant le titre d'Académie royale afin de donner un semblant de satisfactions aux appétits des faubourgs, eut l'intelligence de maintenir son École de peinture et de sculpture pour continuer un enseignement dont elle appréciait la sérieuse utilité. Le 3 frimaire de l'an III, la commission exécutive de l'instruction publique adressait la lettre suivante au secrétaire de l'École : « La loi du 28 septembre 1793 ayant conservé les écoles de peinture et de sculpture établies au Louvre telles qu'elles étaient jusqu'à parfaite organisation, il n'est pas douteux qu'il ne *doive être rien innové dans leur régime*, et que la discipline, l'ordre des études et le jugement des concours soit une attribution des professeurs qui la dirigent. »

En conséquence, le 10 frimaire de l'an III, un concours eut lieu suivant les anciens usages de l'Académie.

Bientôt s'organisèrent des sociétés d'artistes pour demander qu'on combattît l'esprit de routine en étendant à d'autres qu'aux seuls professeurs de l'École le droit d'examen. David proposa alors à la Convention, qui accepta, la création d'un jury national des arts composé de cinquante membres, parmi lesquels on remarque à côté de Prudhon, de Fragonard, des savants comme Monge, des gens de lettres comme Laharpe et Lebrun. L'innovation pouvait, au point de vue des résultats, laisser beaucoup à désirer. Un jury se recrutant en majeure partie parmi des personnes étrangères à la peinture n'était guère apte, en effet, à juger les tableaux qu'on lui présentait. Mais il y avait dans cette commune participation des différentes célébrités en tous genres une tendance heureuse vers un système plus étendu de publicité, comme un appel fait à toutes les branches de la société pour les intéresser aux choses de l'art, véritable portion du patrimoine de la nation.

Intacte fut laissée aussi l'École de France à Rome. Un décret remplaça seulement le directeur par l'agent de France à Rome, pour soumettre surtout les élèves, suivant l'expression du rapporteur, « à une surveillance morale, fraternelle et de confiance ». Sur la proposition de David, une pension de 2,400 fr. par an fut décrétée au profit des lauréats de l'Académie.

Les membres seuls de l'ancienne Académie avaient le droit d'exposer et de prétendre aux commandes du gouvernement; un décret de l'Assemblée constituante admit tous les artistes sans distinction au bénéfice de l'exposition publique. « Le 21 août 1791, l'Assemblée nationale, considérant que, par la constitution décrétée, il n'y a plus, pour aucune partie de la nation ni pour aucun individu, aucun privilége ni exception aux droits communs des Français, décrète que les artistes français ou étrangers, membres ou non de l'Académie de peinture et de sculpture, seront admis à exposer leurs ouvrages dans la partie du Louvre destinée à cet objet. » En même temps le cercle de la protection gouvernementale s'élargissait, et l'Assemblée, qui résumait alors les différents pouvoirs, cherchait, par des décisions favorables à l'extension de la publicité des œuvres d'art, tous les moyens de former un public digne de les apprécier et de contrôler au besoin les actes de l'autorité.

De plus, les expositions étaient biennales, on les rendit annuelles.

Enfin on transformait l'ancien cabinet du roi en

musée national. Depuis longtemps déjà cette idée était mise en avant, mais elle n'avait sans doute pas acquis la maturité nécessaire pour être mise à profit, et il était réservé à l'Assemblée constituante et à la Convention de la réaliser. Déjà, sous Louis XV, un ami des arts, M. de La Font de Saint-Yenne, s'était exprimé ainsi dans son *Dialogue du Grand Colbert :* « Vous vous souvenez sans doute, ô grand ministre ! de l'immense et précieuse collection de tableaux que vous engageâtes Louis XIV de faire enlever à l'Italie et aux pays étrangers, avec des frais considérables, pour meubler dignement ses palais. Vous pensez que ces richesses sont exposées à l'admiration et à la joie des Français de posséder de si rares trésors, ou à la curiosité des étrangers, ou enfin à l'étude et à l'émulation de notre école ? Sachez, ô grand Colbert, que ces beaux ouvrages n'ont pas revu la lumière, et qu'ils ont passé des places honorables qu'ils occupaient dans les cabinets de leurs possesseurs à une obscure prison de Versailles, où ils périssent depuis plus de cinquante ans. »

Plus tard, en 1750, le marquis de Marigny avait organisé le cabinet du roi, contenant tous les trésors jusque-là enfermés dans les appartements de la surintendance à Versailles, et en ouvrit les portes au public deux jours par semaine. Le successeur de M. de Marigny, le comte d'Angivillier, eut aussi la pensée, inspirée sans doute par les doléances de

M. La Font de Saint-Yenne, de réunir en un seul endroit tout ce que la Couronne possédait en peinture et en sculpture, et de donner à cette collection le nom de *Museum.*

Mais le vrai promoteur de l'institution, restée jusqu'alors à l'état de projet, fut M. Barrière de Vieusac, député à l'Assemblée nationale de 1789, qui, dans son rapport sur les domaines du roi, écrivait: « Il faut que la galerie du Louvre, où sont tant de chefs-d'œuvre de peinture et de sculpture, devienne un musée célèbre, et qu'on y déploie les nombreux tableaux de Rubens et d'autres peintres illustres. »

Le 18 brumaire an II, le Muséum français existait, et les artistes y pouvaient venir étudier les cinq cent trente-sept tableaux des maîtres de toutes les écoles que contenait la galerie joignant le Louvre au Palais national. Précieuse institution, qui trouvait son germe dans l'ouverture du palais de Fontainebleau, autorisée par François Ier pour permettre aux artistes de son temps de s'inspirer des fresques du Primatice et du Rosso, et dans ce cabinet du roi, dont la publicité intermittente avait été organisée par M. de Marigny, à titre de premier et prudent essai.

La commission provisoire du Muséum ayant montré beaucoup de négligence dans l'accomplissement de ses fonctions, David, tout-puissant à la Convention quant aux questions qui touchaient au domaine de l'art, la fit remplacer définitivement par le Conservatoire du Muséum national, dont la mission était d'administrer les intérêts de cet établissement sous le contrôle vigilant du ministre de l'Intérieur.

Le nouveau conseil répondit à l'attente générale, et le catalogue descriptif dont il commença la publication le plaça très-haut dans l'estime publique, et fit bien augurer de ses actes postérieurs.

Ainsi, cette Révolution qui dans des accès de fureur inexcusables bouleversait l'ancien régime de fond en comble, portant partout la torche et la hache, et faisait presque regretter la destruction des vieux abus par les taches de sang dont elle souillait ses œuvres les plus utiles, cette Révolution, au point de vue exclusivement artistique, avait eu le bon goût au moins, contrairement à ses détestables habitudes, de ne point faire table rase des fondations de la monarchie. On lui doit donc cette rare justice d'avoir su réformer sans détruire, en appropriant aux progrès et aux nécessités du présent les institutions perfectibles du passé.

Et cependant, à l'exception des premiers tableaux de David et des essais pleins de promesses de quelques-uns de ses élèves, le champ stérile de l'art laissait peu à glaner. Les meilleures semences demeuraient presque infécondes. David même, pris de vertige, commençait à prostituer son génie par l'apothéose de Marat. Jeté sur cette pente fatale où le poussait l'amitié de Robespierre, le conventionnel eût bientôt tué le peintre, et ses plus pures inspirations se fussent évanouies au souffle de la Terreur, si la Providence n'eût envoyé Napoléon, l'exécuteur testamentaire de la Révolution, pour en arrêter les crimes et fixer les bienfaits. La France désordonnée respira, et nous vivons encore aujourd'hui sur les legs généreux que nous a faits le Consulat.

Napoléon Ier métamorphosa le génie de David et créa le génie de Gros. Le *Couronnement*, la *Distribution des aigles*, ces deux tableaux commandés par l'empereur à celui qu'il venait de nommer son premier peintre, sont assurément une des plus hautes manifestations du pinceau de ce grand artiste. Le *Couronnement* surtout est empreint de ses plus éminentes qualités. La simplicité même de la composition est d'un puissant effet.

On raconte, au sujet de cette toile, une anecdote qui prouve que Napoléon, loin d'être étranger aux choses de l'art, savait honorer le mérite et n'accordait sa protection qu'aux artistes qui se montraient dignes de la mériter par l'indépendance de leur talent. Lorsque le tableau du *Couronnement* fut achevé, l'empereur alla le visiter à l'atelier de David. Les courtisans qui l'accompagnaient, s'apercevant que le peintre avait fait de l'impératrice l'héroïne du tableau, s'empressèrent tout haut de le critiquer, et remarquèrent, avec une certaine apparence de raison, qu'il s'agissait bien plus du couronnement de l'empereur que de celui de l'impératrice. Napoléon écoutait en silence ces observations. Après avoir lui-même examiné longtemps la toile, il se retourna vers le peintre indécis de la pensée de son maître, et lui dit, au grand étonnement des personnes qui se trouvaient là : « C'est bien, très-bien, David. Vous avez deviné toute ma pensée; vous m'avez fait chevalier français! Je vous sais gré d'avoir transmis aux siècles à venir la preuve d'affection que j'ai voulu donner à celle qui partage avec moi les peines du gouvernement. »

Puis, s'avançant vers David, il leva son chapeau, s'inclina légèrement, et lui dit d'une voix ferme: « David, je vous salue. »

A l'école de David s'était formé un jeune homme, que ses dispositions artistiques rendirent un des peintres les plus célèbres de l'Empire, et que la critique a placé plusieurs fois même au-dessus du maître : Gros, qui n'avait jusqu'en 1796 exécuté que de petits portraits à l'huile, se révéla tout à coup. Fasciné, ébloui par cette grande destinée de Bonaparte, il s'attacha à sa fortune et conquit son affection.

Lorsque fut gagnée la bataille d'Arcole, le 15 novembre 1796, il traça sur la toile le souvenir de cette brillante journée en représentant Bonaparte, le drapeau tricolore à la main, au moment où il traverse le pont d'Arcole à la tête de ses grenadiers.

A partir de ce jour, il se dévoua complétement au souverain qui resta toute sa vie son protecteur, et reçut de lui des honneurs d'autant plus mérités que la modestie de son caractère le tenait davantage à l'écart. Ainsi, quand eurent lieu les présentations pour la croix de la Légion d'honneur, le nom de Gros n'était que le dernier sur la liste. L'empereur s'en aperçut, le raya et le reporta lui-même le premier. A la distribution des décorations, qui se fit au Musée, il fut le seul que Napoléon décora de sa main, comme un brave sur le champ de bataille.

Gros était le vrai peintre des luttes, des combats. Nul comme lui ne savait, au milieu de cavaliers emportés, de blessés mourants, de caissons en débris, de ces mille détails enfin qui sont comme les attributs de la guerre, jeter en relief un personnage saillant, un épisode, une scène touchante. Avec ses grands coups de pinceau, qui l'ont fait surnommer le Murat de la peinture, il rendait avec une vérité saisissante la physionomie des batailles. Les pestiférés de Jaffa, les batailles d'Eylau, d'Aboukir, des Pyramides, sont autant de pages d'histoire, dignes commentaires de l'épopée impériale.

Le génie appelle le génie. Comme ces papillons qu'attirent les clartés de la lumière, autour de Napoléon, centre lumineux, se groupait tout un essaim d'immortels artistes. A côté de David et de Gros prenaient place Gérard, Guérin, Girodet, Vernet, Isabey, Granet et Prudhon. Ce dernier surtout devait à la protection de M. Frochot, préfet de la Seine, et de l'impératrice Marie-Louise, son élève, de connaître les douceurs de la gloire, que lui avaient toujours refusées les journées sanglantes de la Révolution.

La plupart des tableaux de l'école française d'alors furent rassemblés au concours de 1810. Napoléon, que les soucis de la politique extérieure n'empêchaient pas de donner ses soins aux questions qui intéressent les arts, avait voulu par la création des prix décennaux passer en revue toutes les œuvres achevées depuis 1800, et accorder une récompense nationale aux artistes désignés par le jugement de l'Institut. Dans ce concert des intelligences on vit surgir beaucoup d'œuvres d'une incontestable valeur, qui sont aujourd'hui l'ornement du Louvre et du musée de Versailles. David et Girodet furent au nombre des lauréats.

C'était une époque où l'on faisait grand. Chacun réchauffait son cœur aux rayons du soleil d'Austerlitz, et tous, sentant l'attraction d'un même aimant, voulaient s'élever jusqu'aux pieds du colosse qui gouvernait le monde. Le manteau de César servait d'abri commun, et ses larges plis cachaient un peuple de géants. Mais quand l'Europe, lasse d'être éperonnée, se souleva dans un suprême effort, quand

les rois coalisés se ruèrent comme des loups affamés
sur une proie longtemps convoitée, quand les trônes
renversés se relevèrent avec les débris de l'Empire,
une ombre immense s'étendit sur la France, et il fallut attendre jusqu'en l'année 1819 pour assister au
réveil de sa profonde léthargie.

Les terribles événements qui avaient signalé les premiers jours de la Restauration, dégagés de toute apparence grandiose, avaient creusé dans l'âme l'abîme sans fond des réalités. David exilé, son école, privée d'éléments de force et d'autorité, s'éteignait impuissante, ne laissant après elle qu'une succession en déshérence. Une peinture complétement nouvelle naissait des traces profondes qu'imprimait le souvenir d'ineffaçables crises. Le *Radeau de la Méduse*, exposé au salon de 1819, résumait la pensée d'une époque qui, ayant assisté à la chute des souverains de l'Europe entière, ne croyait guère à la solidité inébranlable des trônes, et traitait en mépris tout ce qui sentait l'officiel et le convenu. Dans cette gamme d'émotions diverses, mais symphoniques, Géricault donnait la note sensible. Cette toile où il étale avec tant de hardiesse les misères poignantes de l'humanité, c'est la préface d'un livre qu'ont écrit depuis les chefs de l'école moderne : Delacroix, Delaroche, Ary-Scheffer et Decamps.

Vrais pionniers du XIXe siècle, ils ont posé les jalons du chemin que d'autres ont parcouru. Le mouvement romantique de 1830, qu'ils ont produit et dont nous subissons le contre-coup, a eu pour effet de donner la prédominance à la couleur sur le dessin, à la passion sur le sentiment. Malgré la résistance passagère d'Ingres et de son école, Rubens a fait oublier Raphaël, et le coloris a effacé le trait. Mais si les œuvres de style diminuent, la nature du moins nous est plus accessible, et nous en sentons davantage les secrètes harmonies. En nous rapprochant de la vérité dans la reproduction des êtres animés et inanimés, nous en avons mieux compris la saine poésie. La splendeur du vrai nous a sauvés de la grossièreté du réel, et dans la peinture de portraits et de paysages nous avons conquis une place dont les expositions récentes ont été la brillante confirmation.

En même temps, la peinture de genre, répondant au goût du confortable et de l'élégance de la bourgeoisie aisée, a pris de nos jours un développement inaccoutumé. Les tendances individuelles se sont accentuées, et les types consacrés ont disparu. Plus de sentiers battus, chacun suit tant bien que mal la voie de sa propre imagination. L'école, se cantonnant dans le cercle de ses attributions, apprend simplement les procédés à l'élève, et lui fournit les instruments dont il aura besoin. Qu'il creuse ensuite lui-même son sillon ! L'État, du reste, est là qui ne le perd point de vue, se charge de lui aplanir les obstacles, et veille au soin de sa renommée.

Le caractère dominant dont s'imprègnent les Beaux-Arts, suivant les pays et les temps, est indépendant sans doute de la forme des gouvernements. Le climat, l'esprit d'un peuple, ses habitudes, contractées sous l'empire d'événements dont la cause nous échappe, la température morale en un mot compose en quelque sorte le moule où viennent se fondre toutes les intelligences d'une même époque. Le génie, d'autre part, ne se fabrique pas : c'est un don que la Providence n'accorde qu'à ses élus, et il n'est au pouvoir d'aucune force humaine de le créer là où il n'est pas. Mais, ces réserves une fois faites, le rôle de l'État chez un peuple centralisateur est encore assez large pour préoccuper quiconque est soucieux de l'avenir des Beaux-Arts. Si féconde que soit une terre, il faut qu'on la cultive, et la région de l'art a besoin plus que toute autre d'attentions et de soins. On ne comprendrait pas qu'une nation se désintéressât de ce qui fait à la fois sa gloire et sa fortune. Aussi, nous enrôlons-nous, sans hésitation, sous la bannière de ceux qui défendent l'organisation actuelle dans son ensemble; et, bien que nous reconnaissions l'utilité de certaines réformes depuis longtemps désirées, nous croyons la question trop délicate pour la trancher d'un coup de plume.

Respectueux du principe même de l'administration générale des Beaux-Arts, qu'il nous suffise d'en indiquer les rouages pour en faire comprendre la portée. Il sera loisible à chacun ensuite, en comparant l'esprit de l'institution avec la lettre elle-même, de voir si la conformité existe entre eux, et si les abus ne proviennent pas plutôt de la fausse interprétation des règlements que des règlements eux-mêmes.

Pour nous, notre tâche sera remplie quand nous aurons montré, dans le présent comme dans le passé, que la France doit à la protection dont les arts ont été l'objet, surtout depuis une vingtaine d'années, d'être encore, malgré les désastres qui l'ont meurtrie, la première des nations artistiques de l'Europe contemporaine.

I. — ÉCOLE DES BEAUX-ARTS.
ÉCOLE DE ROME.

Prenons donc aujourd'hui l'artiste au début de sa carrière, et suivons-le dans ses différentes étapes à travers l'organisation actuelle. De l'École des beaux-arts et du Concours pour le prix de Rome à l'Académie et au Musée, la route est longue, mais glorieuse et belle.

L'École fournit à l'élève le bâton de voyage. Dans ses premières haltes aux expositions annuelles, il rencontre, à côté du tribunal du jury, un public de connaisseurs capable de diriger son goût par la critique et de réformer parfois la décision des premiers juges. Puis viennent les commandes du gouvernement, la richesse, les honneurs et enfin le Musée, qui sert de bibliothèque aux jeunes et de panthéon aux anciens. C'est la terre promise où bien peu entreront; c'est le couronnement de l'édifice dont chaque pierre devrait être un chef-d'œuvre ; c'est le droit à l'immortalité.

L'École des beaux-arts n'apparaît indépendante, réellement détachée de la souche maternelle, l'Académie fondée par Colbert, que vers l'an 1793. Mais jusqu'en 1819 elle languit presque inutile. L'absorption des élèves dans les ateliers de David et de Guérin maintient la solitude autour d'elle. Seule l'ordonnance du 4 août 1819 lui donne une constitution : l'École acquiert le droit de se recruter elle-même, et l'assemblée des professeurs pourvoit à sa direction.

Un tel isolement du pouvoir transforma bientôt l'École en coterie. La trop grande liberté conduit vite à la tyrannie. Au lieu d'un vaste temple, ouvert à toutes les intelligences, il se forma une petite Église, hors de laquelle il n'y avait point de salut. Partout s'élevèrent des doléances, et le monde des artistes engagea la lutte contre un régime essentiellement nuisible à ses intérêts. Imitant la conduite des communes, qui demandaient à Louis VI de les défendre contre les exigences vexatoires de la noblesse féodale, il se rapprocha du pouvoir central, et chercha en lui une protection efficace. Le décret du 15 novembre 1863 intervint alors, établissant le système de nomination directe par le gouvernement. Satisfaction était ainsi accordée aux artistes, qui avaient eux-mêmes reconnu l'utilité d'une haute intervention, et recherché l'appui de l'État comme un bienfait. Dès lors le personnel administratif, les professeurs, le conseil supérieur de l'enseignement, dépendent du ministre des Beaux-Arts, dont ils reçoivent leur délégation. L'autorité venant d'en haut, l'École n'en acquiert que plus d'influence et d'extension. Vingt cours gratuits sont organisés pour la peinture, la sculpture, l'architecture, l'anatomie, la perspective, l'histoire, etc.

L'ancienne Académie Colbertine, privée de sa partie enseignante, n'a plus qu'une importance honoraire. Réunion d'hommes éminents, elle est, comme l'Aréopage du temps de Périclès, une assemblée sans prépondérance et sans force. L'École des beaux-arts est la grande innovation du XIXe siècle. L'Académie, au contraire, voit ses attributions s'égrener successivement. Son rôle militant est terminé. Dépouillée du droit de juger les concours pour les grands prix de Rome, dont l'avaient investie le décret de la Convention du 3 brumaire an IV, la loi du 15 germinal de la même année et le décret consulaire du 3 pluivôse an XI, l'Académie protesta énergiquement, mais sans résultat. Son esprit de routine, d'inertie, la résistance qu'en maintes circonstances elle avait opposée aux sages idées de réforme, son antipathie mal déguisée pour tout enseignement libéral créé en dehors de son sein, la plaçait vis-à-vis du ministre des Beaux-Arts dans une situation évidente d'infériorité. Elle avait contre elle une puissance à peu près invincible : l'opinion publique. Chacun sentait la nécessité du décret signé par l'empereur sur la proposition de son ministre des Beaux-Arts, et le commentaire qu'en donnait le maréchal Vaillant, dans sa réponse à la protestation de l'Académie, rencontrait une approbation générale : « Le décret du 13 novembre 1863, écrivait le maréchal, détruit le monopole d'enseignement et de distribution de récompenses laissé trop longtemps entre les mains d'une compagnie se recrutant elle-même, *n'ayant aucune responsabilité et ne croyant devoir compte à personne de la direction qu'elle donne aux études ou de leur affaissement.* L'Académie des beaux-arts réclame pour le maintien du monopole qui lui était attribué, cela est naturel ; mais l'intérêt des arts doit passer avant les priviléges plus ou moins bien établis d'une compagnie. Or l'expérience d'un demi-siècle, les demandes de réformes sans cesse repoussées, l'état même de l'enseignement des arts à l'École, notoirement insuffisant, font assez connaître que les intérêts de l'Académie et ceux de l'enseignement étaient incompatibles et ne devaient pas être plus longtemps confondus. . . . .

« *L'enseignement, en France, appartient à l'État, et non à un corps, si respectable qu'il soit.* . . . . . . Si l'Académie se refuse au progrès, il n'y a qu'un moyen laissé à l'État, c'est d'accomplir ce progrès à côté de l'Académie, et même, au besoin, malgré ses réclamations. »

L'Académie restait encore un foyer d'activité intellectuelle. Mais en même temps était conjuré le

danger d'une instruction émanant d'une aristocratie
élective. L'École s'élevait à côté de l'Académie des
beaux-arts, comme l'Université à côté de l'Académie
française, comme l'École des chartes à côté de l'Académie des inscriptions et belles-lettres.

Cette révolution fut le signal d'une série de progrès et d'améliorations. En 1865, on adjoint à l'É-
cole des ateliers de peinture, de sculpture, d'architecture, de gravure en taille-douce et de gravure en
médailles. De nouveaux cours sont fondés. L'enseignement prend dès lors un caractère plus encyclopé-
dique, et la prévoyance de l'administration apparaît
dans la création d'une chaire spéciale de droit pour
les élèves de la classe d'architecture. Les difficultés
que rencontrera l'architecte dans l'apprentissage de
la vie pratique se trouvent, pour ainsi dire, résolues
d'avance par l'étude si intéressante de la législation
des bâtiments.

Tant de réformes utiles fortifient l'École des
beaux-arts et la rendent presque inexpugnable. La
querelle de 1864 entre l'Académie mutilée et l'École
naissante est apaisée; leurs rôles respectifs semblent
définitivement déterminés, et, dès 1858, l'honorable
directeur, M. Guillaume, parlant des services que
doit rendre une École des beaux-arts, adresse à son
passé des éloges destinés à cimenter l'union de deux
pouvoirs désormais parallèles. « L'École des beaux-
arts, dit-il, a sa mission à remplir : celle de conser-

ver aux études leur gravité et d'en rendre le cercle de plus en plus complet. Depuis deux cents ans qu'elle existe, l'École a toujours mérité d'être considérée comme une institution féconde. Placée comme un conservatoire classique à la base de nos arts nationaux et de tout ce qui s'y rattache, elle a nourri de sa séve les rameaux divers de l'école française. Elle n'a cessé de fournir à l'art pur des représentants illustres, et à notre industrie ces inépuisables artistes qui soutiennent invinciblement sa renommée. Les services qu'elle a rendus sont considérables, et par là elle s'est toujours montrée digne des priviléges qu'elle tient de son origine et des accroissements qu'elle a reçus du temps. »

Tout était donc oublié : M. Guillaume usait de clémence après la victoire, et voulait effacer le souvenir des discussions antérieures, en faisant remonter jusqu'à l'origine même de l'École, inhérente à l'Académie, la source des progrès qu'avait stimulés l'application du nouveau système inauguré par le maréchal Vaillant.

Mais que serait l'École des beaux-arts si le jeune artiste d'avenir n'entrevoyait au delà, comme le but longtemps rêvé de ses efforts, son admission à la villa Médicis? Destinée à perfectionner l'instruction des lauréats du grand prix institué chaque année dans les différentes branches des arts, l'École de Rome subit aussi des vicissitudes. Son incontesta-

ble utilité l'avait fait respecter même en 1793 ; seule
l'organisation de Colbert avait reçu le contre-coup
de l'esprit révolutionnaire de la Convention. Mais
quand la tourmente eut cessé, l'Empire, plus équitable, revint au système centralisateur. La direction,
enlevée à l'agent de France à Rome, fut confiée de
nouveau à un artiste nommé par le gouvernement.
Ce retour vers ce que l'ancien régime nous avait
laissé de bien excita certains mécontentements de
la part de la quatrième classe de l'Institut. On craignait que les œuvres des pensionnaires placés sous
la tutelle d'un maître éminent ne restassent des
pastiches sans verve et sans originalité. Les critiques
prirent surtout de l'intensité lorsque, plus tard,
M. Ingres fut nommé directeur. M. Raoul Rochette
l'accusa d'imprimer à ses élèves un tour d'esprit
uniforme, et se plaignit très-haut de sa personnalité
absorbante. Ces reproches, qui dans des cas particuliers pouvaient avoir leur raison d'être, d'une manière générale n'étaient pas fondés.

« Il faut que celui qui apprend croie », écrivait,
il y a deux siècles, François Bacon. Profonde vérité,
sans laquelle l'art n'existerait pas. Qui pourra donc
être initié s'il n'a la foi : la foi dans la nature qui
inspire, la foi dans le maître qui enseigne ? Il faut
que la parole vivifie les intelligences, qu'un souffle
assez pénétrant réveille le génie qui s'ignore. Qu'est-
ce donc qu'un chef d'école, sinon un prophète ?

M. Ingres a prêché la croisade du dessin contre la couleur, et, parmi ses disciples, le plus grand de tous a été un croyant : Simart, qu'une mort rapide a enlevé dans toute la force de son talent, a parcouru bien des ateliers et profité des leçons de bien des maîtres, tant peintres que sculpteurs ; mais aucun n'a exercé sur lui une influence comparable à celle de M. Ingres. Les œuvres en sont-elles pour cela moins éloquentes ? Est-ce un plagiaire celui qui, dans un élan de conviction, s'écriait un jour ? « Là où l'âme n'entre pour rien, je ne sais que faire ? » Est-ce manquer d'originalité que de sentir son cœur profondément ému à la vue des immortels chefs-d'œuvre de *Phidias,* l'auteur du *Jupiter olympien,* de la *Minerve,* des *Divinités du Parthénon* ? L'école est-elle donc de trop, et ne faut-il plus apprendre ? Ou bien l'indépendance de l'artiste ne peut-elle s'accommoder que de médiocrités enseignantes ? En ce temps sans égal dont le souvenir remplissait l'âme enthousiaste de M. Ingres, le Pérugin a-t-il étouffé le génie de Raphaël ? Michel-Ange est-il resté l'esclave du Ghirlandajo ?

La villa Médicis est le sanctuaire des futurs initiés. Au contact des chefs-d'œuvre de la Renaissance et de l'Antiquité, toute fraîche et riche imagination s'entr'ouvre comme une fleur aux rayons de la lumière du jour, et respire le parfum de beauté qui s'en échappe. A Rome, l'art est un sacerdoce dont le directeur de l'Académie est le grand prêtre, et l'on sacrifie en commun devant le *Jugement dernier* de Michel-Ange ou la *Transfiguration* de Raphaël. On y conserve avec un religieux respect les traditions des grands maîtres, et les plus célèbres artistes du siècle y ont révélé leur vocation.

Trêve donc aux critiques plus ou moins intéressées des esprits hostiles. Les excellents résultats qu'a donnés l'École de Rome ont amené l'établissement d'une nouvelle station artistique dans une contrée également favorisée. Sous le ministère de M. Rouland, une section des beaux-arts vint s'ajouter à l'École littéraire d'Athènes, et la Grèce compléta Rome.

Un dernier pas reste encore à franchir dans la voie des améliorations extensives. A côté de l'Italie, de la Grèce, il y a d'autres étapes intéressantes à parcourir. La Belgique et la Hollande méritent assurément qu'on s'y arrête et qu'on les admire ; il ferait bon vivre quelque temps en compagnie de Rubens et de Rembrandt. Qu'on fonde de nouvelles écoles à Anvers, à La Haye ; un tel soin est laissé à l'avenir pour continuer l'œuvre du présent.

II. — LE MUSÉE.

Il n'est pas de véritable éducation artistique sans
la fréquentation du musée. Si le professeur apprend
les procédés indispensables, et quelquefois creuse
les sources de l'inspiration, le musée, école de morale et d'histoire, par le spectacle des richesses qu'il
renferme, élargit l'horizon de la pensée. Mine précieuse de découvertes, il offre à ceux qui viennent
y chercher des modèles ou y puiser des idées, d'in-
calculables ressources. C'est un séjour de calme et
d'apaisement où le cœur, un instant distrait des
laideurs de la réalité, éprouve dans la contemplation
des immortels chefs-d'œuvre du passé comme un
ressouvenir du Ciel et une aspiration vers ce que
Platon appelait notre première demeure.

Depuis que les Médicis et Léon X ont jeté les
fondements des musées de Florence et du Vatican,
chaque peuple, chaque cité a voulu avoir le sien. Un
des moins nouveaux est le musée d'Oxford que possède l'Angleterre. Puis se sont ouverts, en Allemagne, le musée de Dresde, qui renferme l'*Assomp-*

tion de Raphaël et la *Nuit* du Corrége, les célèbres musées de Berlin, de Stuttgart, de Weimar ; à Vienne, la galerie de tableaux du Belvédère, à Munich, la Pinacothèque. L'Espagne s'est enrichie du musée de Madrid, la Russie du musée de Saint-Pétersbourg, composé en grande partie des acquisitions de Catherine II et des tableaux provenant de la Malmaison. La Hollande et la Belgique ont concentré à Amsterdam et à La Haye, à Anvers et à Bruxelles, les trésors de l'école hollandaise et de l'école flamande.

Mais aucun musée n'approche, pour l'étendue et l'importance, des collections rassemblées au Louvre. Après les musées d'Italie, le Louvre est la galerie la plus considérable et la plus complète. C'est une véritable bibliothèque qui contient en résumé l'histoire entière du génie italien depuis Cimabuë jusqu'à Francesca Guardi, de l'école française depuis François Clouet jusqu'à M. Ingres. La peinture espagnole y est largement représentée par Ribera, Velasquez et Murillo. Les deux étoiles de première grandeur de la Hollande, Rembrandt et Ruysdaël, y brillent du plus vif éclat. Les Flamands, Rubens en tête, tapissent les murs d'une salle presque entière.

L'idée primitive d'un musée national appartient à la Constituante. Mais depuis, que d'accroissements, que d'embellissements ! Les victoires de nos armées sous le Directoire et le premier Empire remplirent le Louvre des dépouilles de l'Europe. De nouvelles salles furent mises à la disposition du public, les anciennes ne suffisant plus. En l'an X, des ordres du ministre de l'Intérieur transformèrent la galerie du Sénat, au Luxembourg, en succursale du Louvre. Enfin il y eut bientôt une telle abondance de tableaux que Napoléon, voulant associer toute la France à sa gloire, répartit le fruit de ses conquêtes entre les principales villes de l'empire, et les dota de près de neuf cent-cinquante peintures. Des musées en germe se formèrent dans les grands centres : Lyon, Bordeaux, Nantes, Valenciennes, Nancy; et quand plus tard ces villes ne purent, avec leurs ressources personnelles, entretenir convenablement d'aussi précieuses institutions, l'État et le département vinrent à leur secours en leur accordant des subventions proportionnelles à leurs besoins.

Le Louvre eut à souffrir des traités de 1815; il fallut les nombreuses acquisitions de Louis XVIII, de Charles X, de Louis-Philippe et surtout de Napoléon III, pour combler les vides qu'avait faits le pillage des coalisés. L'habile direction de M. de Nieuwerkerke valut au Louvre vingt-deux peintures, parmi lesquelles un paysage d'Hobbema, une vierge du Pérugin et le portrait du baron de Vicq, de Rubens.

Quand les souverains du monde entier vinrent à Paris pour l'exposition universelle de 1867, la

France était alors dans toute sa splendeur. Les musées, devenus l'apanage de la Couronne, étalaient
aux regards avides des grands de la terre leurs in-
comparables trésors, image des gloires de la France
et des bienfaits du gouvernement de l'empereur.
Malgré de sérieux efforts, les années qui se sont
écoulées depuis n'ont pu faire oublier les prospérités
d'un règne dont le souvenir est demeuré vivant dans
tous les cœurs reconnaissants et impartiaux. La gé-
nérosité de Napoléon III, son amour éclairé des
Beaux-Arts, se trahissaient dans les moindres détails.
Le Louvre, Versailles, le Luxembourg, Compiègne,
le musée Campana, portent la trace de sa main protectrice. L'équité veut donc qu'on le reconnaisse,
au point de vue purement artistique, le seul qui
nous occupe ici, le régime impérial est de ceux qu'il
est plus facile de calomnier que de remplacer, et la
simple lecture des archives de la direction des Beaux-
Arts suffirait aux incrédules pour en acquérir la
preuve.

III. — LE SALON.

Si le musée est à l'artiste ce que la bibliothèque
est au savant, le salon est aux œuvres de son pinceau ou de son ébauchoir ce que l'imprimerie est à
l'écrivain. Grâce aux expositions annuelles, tableaux, statues, plans et dessins d'architecture se
produisent au grand jour, affrontant les regards de
la critique et cherchant dans les suffrages d'un public éclairé la consécration de leur valeur. Les salons sont une des plus heureuses conséquences du
système moderne de la publicité, cette garantie des
peuples libres. Sous l'ancienne monarchie, il n'y
avait que des membres de l'Académie de peinture et
de sculpture qui eussent le droit d'y faire figurer
leurs ouvrages. La Révolution effaça ce privilége
avec bien d'autres; mais, s'emparant de l'idée pre·
mière, elle lui donna les développements que comportait la saine application des principes de 1789.

Dès lors les expositions publiques reçurent, quant à leur périodicité et aux conditions d'admission, une réglementation générale, exclusive de toute exception. Bisannuelles jusqu'en 1830, elles devinrent annuelles sous la monarchie de Juillet, s'échelonnèrent de deux ans en deux ans avec la République de 1848, et furent rétablies chaque année par le second Empire.

La pensée qui avait dirigé le gouvernement dans son retour vers un mode plus fréquent de publicité se trouvait renfermée dans ces paroles prononcées par le maréchal Vaillant à la distribution des récompenses pour le salon de 1868 : « Grâce à cette heureuse innovation, disait le maréchal aux artistes, un contact permanent a été établi entre vous et le public, et, par une sorte de juridiction privilégiée, vous pouvez paraître à votre jour et à votre heure devant vos juges naturels. »

Les effets bienfaisants des expositions du Palais de l'Industrie s'étendirent progressivement à toute la France, faisant pénétrer jusque dans les régions les moins favorisées, avec le spectacle attachant du beau, les notions plus sensibles et plus exactes du vrai et du bien, qui en découlent naturellement. Plusieurs villes, prenant l'initiative, comme Lyon, Dijon, Périgueux, organisèrent de petites expositions locales, et popularisèrent ainsi, en les rapprochant de leurs compatriotes, des artistes, dont la gloire, par le privilége de la naissance, devait rejaillir d'abord sur leur pays natal.

L'Europe elle-même devenait partie intéressée. Par le droit qu'avaient les artistes étrangers de concourir avec nos nationaux, elle se trouvait conviée aux rendez-vous fixés par le gouvernement français ; et l'émulation pacifique qui se dégageait de ce contact avait au moins l'avantage de ne laisser après elle aucune ruine, aucun désastre. Prenant modèle sur nous, elle organisait à son tour des expositions universelles où nous trouvions notre place, quelquefois même au premier rang.

Frappé du triomphe que remporta la France à l'exposition de Londres en 1851, le prince Albert couvrit comme par enchantement le sol de la Grande-Bretagne d'écoles spéciales de dessin pour relever le niveau artistique de son pays, et les heureux résultats obtenus à l'exposition internationale de Londres en 1862 donnèrent raison au système de la protection par l'État, et à l'organisation française dont le prince Albert s'était inspiré.

Une question extrêmement délicate, et dont la solution plusieurs fois essayée n'a jamais été à l'abri de tout reproche, se pose au sujet du mode d'admission au salon des ouvrages présentés par les artistes. Faut-il, comme en 1848, accepter tout sans exception, laissant au public le soin de faire lui-même justice de la médiocrité, du ridicule ou de l'incon-

venance de certains égarés? N'est-il pas plus raisonnable, au contraire, d'exiger un contrôle préalable,
attribué aux artistes eux-mêmes, et n'est-ce pas demeurer dans les voies de l'équité et de la prudence
que de faire juger chacun par ses pairs? Mais, même
en se rangeant à cette dernière opinion, comment
composer le jury d'examen? Sera-t-il le produit
complet de l'élection, ou une délégation directe du
pouvoir? Adoptera-t-on, au contraire, un système
mixte, et les membres du jury recevront-ils leur
mandat, dans une proportion à déterminer, les uns
de l'administration, les autres du suffrage des artistes? Et quelles seront les conditions du vote?
La simple qualité d'exposant suffira-t-elle pour
être électeur? Autant de questions, autant de difficultés.

Avant 1848, c'était l'Académie des beaux-arts qui
prononçait sur l'admission des tableaux aux expositions annuelles. En 1848, suppression de tout examen; mais bientôt, en présence des graves inconvénients qu'entraînait une si complète liberté, on
comprit la nécessité d'un jury d'examen, et ce
furent les artistes eux-mêmes qu'on chargea de le
nommer.

Aujourd'hui, l'État a repris sa part d'influence,
et le jury est ainsi composé: pour les trois quarts,
de membres tirés au sort sur des listes de noms
choisis par les artistes, et pour le dernier quart, de

membres nommés directement par l'administration.

Les mêmes jurés qui ont décidé de l'admission des ouvrages sont également chargés de désigner les artistes qui se sont rendus dignes des différentes classes de médailles à décerner.

Entouré de ces garanties, le salon, tel qu'il existe aujourd'hui, demeure le vrai terme d'appréciation du mouvement artistique contemporain. C'est une sorte de thermomètre indiquant le degré de température de la région des Beaux-Arts ; et pour bien saisir les secrets de la floraison actuelle, il suffit de jeter un coup d'œil sur les deux plus récentes expositions, qui résument en elles les progrès et les défaillances antérieures.

Salon de 1874.

Quand s'ouvrirent pour la première fois, à un an d'intervalle, les portes des salons de 1874 et de 1875, on fut ébloui par la grande variété de ces œuvres dont les auteurs sont pour la plupart inconnus ou peu connus. Çà et là on retrouvait bien un Corot, un Cabanel, un Gérome, un Carolus Durand, mais perdu au milieu de tableaux d'un genre extrêmement différent, dont quelques-uns cependant, malgré de grands défauts, recélaient des qualités de premier ordre, et méritaient par cela même, dans l'intérêt de l'art, que les auteurs fussent plus particulièrement encouragés.

Reportons-nous donc en arrière, et pénétrons par la pensée, en 1874 et 1875, dans les salles de l'exposition du Palais de l'Industrie, fermées jusqu'au printemps prochain.

Ce qui frappait dès le début, c'était de n'apercevoir aucun tableau capital, saillant, aucune de ces toiles qui n'admettent point la contestation, vers lesquelles se presse la troupe d'élite, et qui font dire au public, en voyant une de ces peintures, qui sont comme une révélation : « Voilà un chef-d'œuvre! » Mais, en revanche, si aucune merveille proprement dite ne s'est manifestée, il y avait beaucoup de fort jolies choses, et un *Champ de coquelicots,* de Daubigny, plein de fraîcheur et d'éclat, a obtenu un succès très-mérité.

Du reste, notre école de paysage, justifiant sa nouvelle réputation, était incomparable cette fois, comme toujours. Au salon de 1874 particulièrement, nos paysagistes, tout en se faisant les imitateurs zélés de la nature, ont cependant cherché à dégager l'idéal de tous les détails pleins de convenance et d'exactitude dont ils ont enrichi leur sujet. Le *Cimetière,* de Daliphard, et le *Clair de lune,* de Corot, sont deux charmants spécimens du genre. La précision, le fini de la composition, n'enlèvent rien à la rêverie profonde dont sont imprégnées ces deux œuvres, et l'âme du poëte et de l'artiste semble vivre à travers ce feuillage d'une adorable couleur, et ces hautes herbes qui reflètent dans les eaux transparentes leurs courbes élégantes et gracieuses.

Quant à notre école de figure, elle a paru s'être préoccupée surtout de l'expression. La psychologie a inspiré les artistes et les a poussés dans une voie meilleure. Sans négliger la vérité, ils se sont montrés un peu moins les esclaves du réalisme, et la pensée y a gagné.

Que doit faire, en effet, le peintre de figures, tel que nous le comprenons ? Il doit chercher à représenter une idée, et, pour cela, il faut d'abord en avoir une, ce qui n'est pas donné à tout le monde. Il est beaucoup de gens, en effet, qui ont seulement étudié à fond l'anatomie, cette science qui nous fait connaître l'architecture du corps humain. Représentent-ils quelque personnage nu, quelque scène de l'antiquité grecque ou romaine, ils n'oublient aucun muscle, aucun tendon ; pour rien au monde ils ne négligeraient une veine, un pli de la peau, un de ces ourlets de la chair qui entourent les ongles. Dieu nous garde de leur en adresser le moindre reproche, si ce soin méticuleux, si cette recherche, pour ainsi dire, *de la petite bête*, ne leur fait point perdre de vue l'ensemble ; mais malheureusement leurs figures sont froides, ne disent rien ; et pourtant tout y est d'une exactitude parfaite, il ne manque aucun détail, la couleur est bonne, le dessin correct ; seulement l'âme est absente. On dirait des figures de cire. Le corps est merveilleux de réalité, mais la pensée n'y est point. C'est une belle imitation de la nature, mais une photographie plutôt qu'un portrait. Voilà ce que nous avait donné, dans une certaine mesure, l'école réaliste, les années précédentes.

Dans le Salon actuel, au contraire, les artistes se sont efforcés d'éclairer leurs physionomies de la lumière de l'intelligence ; ils ont purifié la peinture ; ils ont compris qu'elle devait s'adresser à l'esprit plutôt qu'aux sens ; ils ont senti, en un mot, la place qu'ils occupaient dans la société, la mission qu'ils avaient à y remplir. Si quelques-uns seulement ont eu la puissance d'atteindre le but que doit se proposer la peinture, et qui est de moraliser les hommes, d'élever l'âme des nations par la dignité de ses spectacles, la plupart du moins ont employé tout ce qu'ils avaient de qualités, de talent, pour y parvenir. A ce point de vue donc, on peut dire, sans exagération aucune, que les Salons de 1874 et de 1875 devront occuper une place très-honorable dans l'histoire des arts.

Dans toute exposition des Beaux-Arts, le portrait

du chef de l'État est de rigueur. Au mois de mai 1874, le grand salon du milieu au Palais de l'Industrie était orné d'un portrait équestre du duc de Magenta, président de la République, passant une revue. Le sujet était sans doute bien choisi, mais l'exécution laissait fort à désirer. Il s'agissait sans doute d'une revue purement idéale, car aucun soldat ne se montrait à l'horizon. Il est vrai qu'un brouillard intense répandu sur toute la toile laissait à peine le maréchal se détacher sur son escorte brumeuse, et on le plaignait sincèrement d'avoir été obligé de sortir par un temps pareil. Mais quelqu'un qui méritait d'être plaint encore bien davantage, c'est ce pauvre M. Princeteau, l'auteur du tableau. Quelle drôle d'idée il a eue de faire un cheval tel que les quatre fils Aymon s'y sentiraient complétement à l'aise ! Et puis, pourquoi l'horreur de la nature l'a-t-elle poussé à fabriquer un cheval en bronze ou en zinc de la Vieille-Montagne ? A part des effets de couleur absolument manqués, la figure du chef de l'État est assez ressemblante, et sa pose au moins ne manque ni de naturel ni de dignité.

Tout à côté, et comme si le rapprochement eût été opéré à dessein, se trouvait la fameuse *Charge du 9e cuirassiers*, de Detaille. Nous sommes à la bataille de Reichshoffen, le 6 août 1870. Le petit village de Morsbronn, à la gauche de l'armée prussienne, n'est qu'une longue rue bordée de vieilles maisons, dont les toits qui surplombent semblent près de se rejoindre. Dans cette rue étroite, où l'on se sent étouffer, où l'air manque, un régiment de cuirassiers se précipite bride abattue ; les escadrons succèdent aux escadrons, soulevant autour d'eux des flots de poussière. Des portes, des fenêtres, de chacune des ouvertures pratiquées dans les maisons, la fusillade jaillit. Mais tout à coup, au tournant de la rue, les cavaliers sont arrêtés par une barricade élevée avec des chariots renversés. Impossible de franchir l'obstacle, les chevaux, lancés à fond de train, viennent s'abattre contre cette muraille improvisée. C'est en vain qu'un des cuirassiers, placé sur le premier plan, fait signe à ses compagnons de rebrousser chemin ; il est trop tard : rien ne saurait arrêter cette trombe d'hommes et de chevaux. Sous les feux convergents de l'ennemi, ces malheureux vont tomber entassés les uns sur les autres, et le cœur se serre à la pensée d'un tel carnage.

Le tableau de M. Detaille manque peut-être un peu d'unité, mais les attitudes sont d'une vérité saisissante. J'ai songé involontairement, en regardant ce triste et brillant épisode de la dernière guerre, que Reichshoffen n'était en quelque sorte que le prologue du drame sanglant qui devait, pendant plus de six mois encore, se dérouler devant l'Europe impassible, et dont nous allions être les acteurs, et beaucoup des nôtres les victimes.

Dans ces derniers temps, les événements de la guerre ont fourni à nos artistes une série de sujets qui ont le don d'attirer la foule, car ils répondent à des émotions profondes, à des souvenirs, à des regrets : une communication intime s'établit bien vite entre l'artiste qui travaille avec son cœur et chacun de ceux qui, contemplant son œuvre avec tristesse, semblent y voir un hommage rendu à des morts chéris.

Dans cet ordre d'idées, le tableau de M. de Neuville, le *Combat sur une voie ferrée* (armée de la Loire 1870-71), a produit dans le public une vive impression. Il faut avoir vu ces braves mobiles escaladant un talus qui supporte les rails du chemin de fer, et en haut duquel les Allemands disputent le terrain à un bataillon de chasseurs à pied. A la tête de nos braves enfants des départements est un jeune officier à l'œil enflammé, au geste hardi, qui montre à ses soldats la position de l'ennemi et l'effort à faire pour le déloger. Les mobiles, la main sur la détente de leurs fusils, attentifs aux moindres mouvements de leur chef, grimpent avec ensemble sur la plate forme du talus ; aucun ne bronche, et leurs jeunes visages presque imberbes respirent le courage et l'abnégation.

M. de Neuville s'était déjà placé au premier rang des peintres militaires par sa toile *Les Dernières Cartouches*. Nous lui retrouvons encore les mêmes qualités de style, de soin dans les détails, de finesse et d'expression. Ses figures sont d'une variété de types qui en fait de véritables trouvailles, et l'ensemble de l'épisode, peut-être un peu désordonné, n'en est pas moins traité avec beaucoup de chaleur et de passion. Voilà donc un bon tableau à tous les points de vue, et l'on doit des remercîments à M. de Neuville pour avoir fait revivre ainsi, avec sa palette, une des pages les plus touchantes de notre histoire d'hier.

La critique a placé bien au-dessous comme valeur, sinon comme intention, le tableau de M. Lançon intitulé *Les Morts en ligne.* Une rangée de soldats, fauchés sans doute par la pluie de balles des mitrailleuses, est étendue sur la terre, labourée par les boulets. C'est le soir, et les Prussiens viennent reconnaître le champ de bataille. Il y a dans l'ordonnance du sujet, dans le ton général, une trop grande recherche de l'effet et une affectation de l'horrible qui froisse douloureusement le regard.

Et cependant, la foule n'est point demeurée indifférente à ce spectacle. Elle a cru voir, dans un de ces cadavres en haillons et les pieds nus, comme une protestation indirectecontre la coupable impéritie des rhéteurs qui ont eu la fatuité de vouloir diriger notre armée. Elle s'est rappelée les usurpateurs qui, tranquillement enfermés dans leur cabinet de travail, pendant que nos troupes luttaient héroïquement pour la défense du pays, se sont montrés incapables d'organiser la défense, et n'ont laissé d'autre glorieux souvenir de leur passage aux affaires que celui de la trop célèbre fourniture des souliers à semelles de carton.

S'il est vrai que la peinture doive avoir pour but la rénovation morale des nations, M. Lançon a dû s'inspirer d'une semblable pensée. Ou je me trompe fort, ou l'impression immédiate qui se dégage de son tableau est un sentiment de profond dégoût pour tout ce qui ressemble à la guerre, dont les aspects poétiques disparaissent ici sous la hideuse réalité. Mais ce dégoût est accompagné d'une grande et terrible haine contre ces prétendus défenseurs de leur pays, exploiteurs du peuple, qui le trompent par leurs paroles vagues et mensongères, se nomment ministres, généraux, et ne rêvent d'occuper le pouvoir que pour y assouvir leurs appétits grossiers.

Pour épuiser ce que la peinture militaire offre de plus saillant et de plus caractéristique, il me reste à parler d'un Castellani, de deux Protais, d'un Dupray et d'un Du Paty.

L'épisode qui a inspiré M. Castellani est la charge d'un escadron du 1er régiment de cuirassiers, qui tente de percer les lignes prussiennes après la bataille de Sedan. La composition de cette scène est très-émouvante. Trois rangs de cavaliers, ayant à leur tête le commandant d'Alincourt, et sur leurs flancs les capitaines Haâs et Blanc, les lieutenants de Maintenon et Garnier, autant de héros dont l'armée ne saurait perdre le souvenir, se précipitent au milieu des bombes qui éclatent, des nuages de fumée qui aveuglent, sur des masses compactes qu'ils essayent en vain de rompre. Un turco, monté sur un cheval dont le maître a disparu, leur sert un instant d'éclaireur. Il y a dans le feu de son regard une nuance de sauvagerie parfaitement rendue, et la rage imprimée sur son visage basané, encadré dans une barbe noire et pointue, lui donne une allure vraiment diabolique. La poitrine criblée de balles, et le sang prêt à lui sortir de la bouche, notre Bédouin cherche encore à se raidir sur son cheval, et semble défier la mort. Le dernier effort de cette poignée de braves ne peut amener, hélas! de résultat sérieux; la bataille est définitivement perdue; le lieutenant Théricourt et le capitaine d'état-major Mauzon de La Lande tombent grièvement blessés.

Si, dans ce tableau, la pensée de l'auteur est dramatique et le dessin correct, les tons sont mous et la couleur négligée. Nous conseillons à l'élève de M. Yvon de s'occuper un peu plus à l'avenir du clair-obscur, s'il veut que ses œuvres trouvent une place importante dans l'histoire des progrès de la peinture moderne.

Il fallait que M. Protais exposât à son tour pour faire reparaître nos petits lignards, un peu effacés par

une abondance inaccoutumée de cuirassiers et de mobiles. Grâce à lui, les régiments de ligne se sont enfin
trouvés vengés de l'oubli où les autres peintres les
avaient laissés. Ils sont toujours charmants, ces jolis
militaires si coquets avec leur pantalon couleur ga-
rance, leur képi crânement posé sur l'oreille, et
groupés avec le soin méticuleux d'un maître de ballet.
Dans son tableau *Une Alerte,* on ne peut s'empêcher
d'admirer la bonne tenue des soldats. Propres, brillants, astiqués, ils sont prêts plutôt à la parade qu'à
la lutte. Ou bien l'on attend le général qui doit passer
la revue, ou l'on va se livrer à l'exercice si utile de la
petite guerre. C'est du moins ce que tout le monde
croirait, si le livret n'indiquait autre chose, et si l'on
n'apercevait là-bas, bien loin, quelques chasseurs à
pied qui traversent au pas de course un petit bois, et
rappellent la présence de l'ennemi dans le voisinage.

Son autre toile, intitulée *Metz,* est une allégorie.
Deux officiers contemplent la ville dite imprenable,
et qui a cédé à l'effort des Prussiens. L'un, vieux,
fatigué, lui jette un regard de tristesse et de découragement ; l'autre, son fils sans doute, jeune Saint-
Cyrien, à l'allure fière, vigoureuse, relève la tête
avec énergie, et songe déjà à la revanche. Les personnages sont bien traités, avec distinction et poésie.

La Visite aux avant-postes sous Paris, de M. Dupray, montre des qualités sérieuses. Il y a surtout un
effet de coup de vent très-réussi. Le général Ducrot et

l'amiral de La Roncière Le Noury s'avancent dans la neige, vers un cheval mort, dont la maigreur n'a d'égal que l'appétit des malheureux soldats qui accompagnent l'amiral. L'épisode est traité d'une façon très-pittoresque.

Quant aux *Tirailleurs en avant*, de M. Du Paty, ils ont une manière d'escalader un talus qui vous laisse rêveur. Que de leçons de gymnastique il leur a fallu avant de pouvoir monter ainsi sur un terrain absolument perpendiculaire! En vérité, ces tirailleurs sont de merveilleux équilibristes!

Si, quittant les peintures de batailles, nous abordons les sujets religieux, nous nous trouvons en face d'une tendance dont il serait regrettable de voir propager les effets. Une des premières règles de l'art est assurément l'imitation de la nature, mais non cette imitation servile qui rabaisse la peinture au rang de la photographie ou du diorama. Ce qui nous intéresse, en effet, dans un tableau, c'est moins la reproduction exacte de l'enveloppe extérieure des corps que la manifestation d'une idée, d'un sentiment, qui s'adresse à notre intelligence, à notre cœur, et nous fait oublier un instant nos peines, nos chagrins, pour nous transporter, sur les ailes de la poésie, dans les régions célestes de l'idéal. Le *Christ* que M. Bonnat a exposé est un exemple frappant de cet oubli complet de l'idéal. Dans cette merveilleuse étude de réalisme, il y a une sorte de réminiscence de l'école espagnole des

Herrera, de Ribera, des Goya, de ces artistes enfin qui avaient, comme dit Voltaire, « le diable au corps » (mauvaise disposition d'ailleurs pour traiter un sujet religieux !). On ne peut s'empêcher, en effet, d'admirer sa touche emportée, sa brosse jeune, active, vigoureuse, les violents effets qu'il tire d'une continuelle opposition d'ombre et de lumière. Mais, s'il étonne par une fougue de pinceau, une énergie de tons inimaginable, il n'enlève pas. Bref, il ne lui manque qu'une chose, le feu sacré. C'est l'erreur d'un peintre de grand talent. M. Bonnat a eu le tort de ne vouloir rien épargner à son Christ ; il a représenté jusqu'aux marbrures imperceptibles de la peau, jusqu'à ces veines microscopiques qui effleurent l'épiderme. Il a dessiné les moindres articulations, les saillies, les creux, les torsades de chair rétractile qui couvrent l'omoplate et la clavicule, l'os des hanches et le crâne. C'est bien un squelette articulé et revêtu de muscles. Le corps, avec sa peau à papilles frémissantes, fait illusion ; il a l'air de sortir du cadre. Seulement ça n'a jamais été Jésus crucifié. Qu'on supprime la couronne d'épines, il ne reste plus qu'un des larrons qui entouraient le Seigneur. La tête surtout, loin d'avoir l'expression divine qui convient au sujet, est d'une vulgarité choquante. Voilà assurément une fort belle étude de la chair souffrante, mais ce n'est pas le Sauveur mort sur la croix pour racheter les péchés des hommes. M. Bonnat n'a pas su extraire le caractère dominant de son sujet; il est resté enfermé dans les liens du réalisme. Au lieu d'épurer son art pour en faire une œuvre de l'intelligence, il l'a considéré comme une œuvre de la main; son Christ n'a été pour lui que la résultante d'un long commerce avec les cadavres, d'une dissection anatomique scrupuleusement étudiée.

On peut le voir aujourd'hui dans la salle des assises, au Palais de justice de Paris. C'est encore sa meilleure place, car il eût juré dans une église, où la vue du corps d'un supplicié ne se fût guère accordée avec les idées pleines de mysticisme et de rêverie dont sont imprégnés nos dogmes religieux.

Combien je préfère les *Premiers Pas*, du même auteur! Une paysanne romaine conduit, en le tenant sous les bras, son *bambino* tout nu. Quelle grâce naïve répandue dans ces deux physionomies de la mère et de l'enfant! Et comme cela est vrai de couleur, d'attitude, de belle humeur! La tonalité chaude et puissante de cette peinture réjouit le regard. On voudrait être le père de ce petit bonhomme, et pouvoir l'enlever dans ses bras pour embrasser sa bonne figure innocente et joyeuse.

Pour trouver à peu près l'antipode de Bonnat, il faut aller jusqu'à M. Humbert, qui a bien vu, lui, dans la *Vierge* qu'il a exposée, la sainte femme et la mère du Sauveur. Nous sommes ici en présence d'un tableau de premier ordre, dont le spectacle élève l'âme et la purifie.

Marie est assise de face, sur un trône que domine un dais élevé ; elle regarde avec fierté son fils, qu'elle tient sur ses genoux. Debout, à sa droite, saint Jean, les yeux fixés sur le Sauveur, le contemple avec une foi vive et résolue. Il se dégage de cette toile un sentiment profondément religieux qui parle au cœur plus qu'à l'esprit. Cette physionomie digne et réfléchie de la Vierge, la sérénité douce et angélique de ce beau front poli comme le miroir, ces yeux dont l'expression de majesté maternelle sied si bien à la mère d'un Dieu, tout concourt à nous donner la secrète intuition du beau et à nous ouvrir comme une échappée de vue sur l'infini. — La peinture religieuse aurait-elle donc enfin trouvé dans notre école moderne son apôtre ?

M. Humbert, tout en s'éclairant des lumières de la Renaissance italienne, a su rester lui-même, et il a donné à ses personnages une grandeur, une grâce, qui, unies à la précision des contours, à la gravité du style, à la pureté du dessin, accusent des tendances spiritualistes qu'on est heureux de rencontrer par le temps d'athéisme qui court, et au milieu de l'invasion progressive du matérialisme.

Parmi les artistes qui ont aussi traité, au salon de 1874, les sujets religieux, citons M. Henner. Sa *Madeleine dans le désert* révèle un travail conscien-

cieux et un goût prononcé pour les études sérieuses.
Elle ne rappelle en rien la Madeleine charnue de Rubens ; c'est une jeune femme dont l'expression pensive, délicate et profonde vous ferait plutôt songer aux figures de Léonard de Vinci : de loin, il est vrai, car, malgré de grandes qualités, M. Henner n'a pas donné cette fois tout ce qu'on était en droit d'attendre de son talent. Le *Bon Samaritain* pas plus que la *Madeleine dans le désert* ne suffiront pour l'immortaliser, quoique le *Bon Samaritain* soit d'une plus grande sûreté de couleur, d'une vulgarité de types moins accentuée.

La Première Extase de saint Jean-Baptiste, de Cabanel, rompt la tradition des Zurbaran et des Lesueur, de l'école espagnole et de l'école française. Plus n'est besoin désormais de ces squelettes recouverts d'un peu de chair humaine, de ces corps maigres et desséchés des ascètes, ayant peine à comprimer leur âme opprimée et souffrante ; plus de ces yeux caves et exténués par la veille et le jeûne, de ces visages amincis et dont le ton livide semble un reflet des catacombes ! Nous avons changé tout cela ; non pas que nous soyons déjà parvenus à fabriquer des hercules en guise de saints, et des moines mendiants sous la forme de vigoureux gaillards : nous sommes encore, Dieu merci, à la période de transition. Nos saints ne ressemblent plus, il est vrai, au malheureux loup de la Fable, qui n'avait que les os et la peau ; la diaphanéité des corps n'est plus de saison ; la maigreur extatique choquerait trop le regard de nos gentilles demoiselles. D'autre part, ce serait faire preuve de bien mauvais goût que de les considérer dès maintenant comme les petits gommeux du passé. Mais il y a avec le ciel des accommodements, et le *Saint Jean-Baptiste* de Cabanel en est un exemple. C'est un beau jeune homme, le coude appuyé sur un rocher qui doit être en chocolat praliné, tenant à la main une croix qu'on prendrait pour la houlette d'un berger de Florian. Ce petit saint Jean vous a une façon de lever les yeux au ciel qui doit signifier assurément la contemplation des vérités éternelles et représenter la foi ardente du disciple de Jésus, mais qui, je le reconnais à ma honte, m'a eu l'air d'une déclaration adressée à quelque mignonne petite bergère qu'on n'aperçoit pas, et qui doit se tenir cachée coquettement derrière le rocher en chocolat. Cabanel, qui est un de nos grands maîtres, n'aurait-il pas donné dans un défaut qui s'appelle le maniéré en sculpture et le sentimentalisme en peinture ?

Son pinceau, particulièrement mondain, ne s'accommode guère au style religieux, et la belle figure de ce jeune et ardent saint Jean-Baptiste ne m'inspire qu'une confiance très-limitée dans la sincérité de ses conversions. Bonne couleur d'ailleurs, attitude noble, toile intéressante, sinon grandiose, surtout

de la distinction, beaucoup de distinction, peut-être
même trop de distinction !

M. Courtat nous a peint avec une bonne couleur,
bien molle, bien flasque, dépourvue de vigueur et
de fermeté, un pauvre diable attaché à un poteau,
et qui figure *Saint Sébastien, martyr*. Vous con-
naissez l'histoire de saint Sébastien. Accusé d'avoir,
dans plusieurs circonstances, favorisé le culte des
chrétiens, et chrétien lui-même, il fut arrêté sur les
ordres de l'empereur romain Dioclétien. On l'attacha
à un poteau, on lui perça le corps en mille endroits,
puis on le laissa pour mort. Mais Irène, femme
chrétienne, étant venue la nuit, accompagnée d'une
autre femme, pour prendre le corps et l'ensevelir, le
trouva vivant et le mena en sa maison, où il fut
guéri en peu de temps. C'est là l'épisode que le
peintre a voulu représenter. On est bien heureux de
connaître un peu son histoire des martyrs, car, en
vérité, sans cela, on n'aurait jamais su au juste si les
deux femmes qui sont là, penchées sur le corps du
malheureux jeune homme, étaient occupées à défaire
les cordes qui le tiennent enchaîné, ou si elles ne
cherchaient pas au contraire à resserrer les liens du
patient. J'aurais pu ainsi porter un jugement témé-
raire, mais j'aurais eu pour complice M. Courtat
lui-même.

Le *Martyre de saint Laurent*, de M. Lehoux, est
encore une œuvre qui manque d'expression et vous

laisse complétement froid. Et pourtant n'était-il pas possible de donner à cette figure un peu plus d'originalité? Tandis que saint Sébastien avait le tempérament sérieux et énergique du soldat romain, saint Laurent avait l'esprit gouailleur. C'est lui qui, interrogé par le préfet Cornelius Secularis, plus idolâtre encore de l'or que des fausses divinités, et avide de savoir où se trouvaient les trésors de l'Église, répondit en lui amenant tous les pauvres auxquels il avait distribué des biens. C'est même à l'irritation causée au préfet par un tel affront que saint Laurent dut d'être déchiré à coups de fouet, puis étendu sur un gril de fer rouge et rôti peu à peu. Et, pendant ce supplice, demeuré incorrigible, malgré les épouvantables souffrances qu'il endurait, ne s'avisa-t-il pas de dire au préfet de la ville : « Faites-moi retourner; » et ensuite : « Il est assez cuit, mangez-en » ?

Dans cette toile, où le martyr est un vulgaire portefaix, le peintre n'a songé qu'à étaler des corps et des attitudes. L'intérêt porte moins sur saint Laurent que sur ses bourreaux. Pour l'artiste comme pour eux, il s'agit de bien faire brûler le patient; et les bourreaux s'en acquittent d'ailleurs fort maladroitement : la fureur les égare sans doute, car ils se mettent littéralement dans le feu pour attiser les charbons ardents. Il faut également souhaiter à M. Lehoux de nous servir à l'avenir des raccourcis qui le soient un peu plus. Qu'il aille donc, s'il en a le loisir, au Palais du Té, à Mantoue, dans cette Italie, la terre classique des beaux-arts, il y verra comment Jules Romains traitait les raccourcis ! Qu'il aille surtout à Rome, dans la chapelle Sixtine, et qu'il s'inspire, s'il est possible, des œuvres de Michel-Ange, et il y apprendra peut-être la pureté du dessin, la justesse des contours ; et tout le monde y gagnera, lui surtout !

Il m'est impossible d'admirer sans réserve le *David tuant Goliath,* de M. Delaunay. David est représenté de face, tenant de la main droite la tête énorme du géant qu'il a terrassé. Je veux bien reconnaître l'harmonie de la couleur, l'habile gradation des tons et des degrés de lumière, le goût dans l'arrangement et le groupement des personnages ; mais on ne me fera jamais admettre que la figure d'un gamin de Paris soit le type idéal sous lequel nous devions nous imaginer David, poëte et roi. M. Delaunay a mal choisi son modèle ; c'est un communard en herbe qu'il nous a déshabillé. Avec un peu plus de costume et un peu moins d'Israélites au second plan, nous aurions un épisode tiré d'une quelconque de nos révolutions : car elles ont eu toutes ce triste privilége d'attirer par l'odeur du sang et la vue du carnage, en même temps que les corbeaux en troupe, des femmes et des enfants, c'est-à-dire la cruauté dans ceux chez qui elle épouvante le plus. — Critiques de détail : Le sabre que porte sur l'épaule le jeune vainqueur est d'une longueur un peu démesurée. Il ne faut pas qu'on puisse croire, dans l'espèce, qu'il a emprunté le sabre de son père. De plus, le malheureux Goliath est ramassé sur lui-même dans une attitude qui n'a rien de naturel. Je sais bien qu'il est là étendu mort, mais n'est-ce pas précisément après la mort que la nature reprend ses droits ? Après les critiques de détails, les éloges du même genre : au lieu de nous montrer la plaie sanglante du géant, et de nous offrir le spectacle d'un décapité avec des chairs pantelantes, M. Delaunay a enveloppé son Philistin dans une immense couverture. Ce n'est peut-être pas ainsi que les choses se sont passées, mais je ne déteste pas de voir les répugnances d'un artiste à nous représenter des images pénibles au regard et à spéculer sur le sentiment d'horreur qu'elles inspirent.

Je n'en dirai pas autant du *Massacre des Abencérages*, de M. Clairin. C'est une vilaine peinture, toute remplie de notes criardes qui s'entre-choquent et laissent une impression malsonnante et désagréable au possible. Qu'on se figure une espèce de nègre, grand gaillard, placé au milieu de la toile dans une attitude assez belle d'ailleurs, et qui d'un geste nonchalant essuie le sabre dont il vient de se servir pour trancher la tête à plusieurs Abencérages, les insurgés de ce temps-là. Près de lui, dans un

sac, sont entassés pêle-mêle les crânes, couleur pain
d'épice, de ces malheureux, que la chronique dési-
gnait sous l'épithète de beaux, de discrets, de gentilshommes galants et bien élevés. Quelle transformation depuis la mort ! Combien ils sont affreux les
tristes débris de cette puissante famille de Grenade,
dont l'influence portait ombrage aux Musulmans,
et qui fut massacrée au palais de l'Alhambra, à la
suite de la fâcheuse découverte des amours d'un
Abencérage avec la sœur du roi Abou-Hassan. Le
sang ruisselle partout dans ce tableau, et un sang
déjà décomposé.

Que de groupes se sont arrêtés devant cette toile,
poussés par un sentiment de curiosité malsaine,
mêlé d'effroi, assez semblable à celui que ressent le
public des quatrièmes galeries lorsqu'il voit le poi-
gnard s'enfoncer dans la poitrine du traître !

D'aucuns disent que l'avenir appartient à la peinture à la façon de Regnault Je n'y crois pas, depuis
Clairin, pas plus que je ne crois à la musique de
l'avenir, d'après Wagner. — On a appelé Clairin le
clair de lune de Regnault. L'idée, juste au fond, ne
me paraît pas exacte dans l'expression. Un clair de
lune a un je ne sais quoi de doux, de vaporeux, de
sentimental ; c'est une rêverie charmante, un thème
délicieux, sur lequel Corot a su composer un motif
plein d'*humour*. La peinture genre Clairin, n'est
plus cela ; elle tire l'œil et le lasse ; on est étonné dès

l'abord, mais fatigué bien vite. C'est un crépuscule aux lueurs rouges et sanglantes, qui n'est que la décadence du soleil et l'annonce de son agonie.

La part des critiques une fois faite, il convient de signaler certaines qualités. Le fond du tableau est d'une richesse de couleurs, d'un brio incomparable ; toutes les merveilles de l'architecture mauresque y sont adorablement rendues. Il n'est rien, en effet, qui inspire davantage le poëte ou l'artiste que ces délicieuses émanations du génie oriental, qui brille par la variété infinie des ornementations, par la coloration violente mais harmonieuse des mosaïques, par la symétrie même au milieu de l'enchevêtrement, capricieux en apparence, des colonnettes, des rinceaux, des fleurons, des volutes et de ces mille figures fantastiques qui sont un des traits marquants du style arabe, en tant qu'il se distingue de l'art byzantin.

Dans un ordre d'idées différent, le *Stabat Mater*, de M. Lazerges, a beaucoup plus de valeur. La composition en est très-émouvante, et l'expression de la douleur chez la mère du Christ y est parfaitement rendue. Voyez cette grande vierge, debout, enveloppée d'une draperie bleue, le front pâle, appuyée contre le corps de Jésus crucifié. Elle semble près de s'évanouir, et pourtant reste debout par un effort suprême. L'auteur ne s'est-il pas inspiré de cette Romaine dont parle Corneille, qui tombe d'un seul mouvement, comme une statue, et s'écrie :

Non, je ne pleure pas, madame, mais je meurs.

Seulement la vierge vise moins à l'effet théâtral, sa douleur est plus chrétienne que stoïcienne. C'est une mère qui pleure son enfant, mais dont l'angoisse et le désespoir restent empreints d'une majesté divine, telle qu'il convient à la mère d'un Dieu.

En résumé, voilà une œuvre assez dramatique, toute moderne, il est vrai, mais qui agit profondément sur la sensibilité, comme certaines toiles d'Ary Scheffer.

A part quelques efforts louables, la plupart des sujets religieux que traitent des peintres sans conviction n'ont de religieux que le titre.

Ainsi, le *Bon Pasteur*, de M. Mazerolles, qui dénote une science suffisante de la couleur et du dessin, pèche par d'autres côtés, et particulièrement par le ton général : c'est lavé, léché, nettoyé, propret, délayé, uniforme et monotone. On n'aperçoit que des roses tendres, des bleus tendres, des jaunes tendres ; toutes les teintes se fondent dans une tendresse de coloris insupportable. Il y a, entre le faire de M. Mazerolles et la grande peinture, la différence qui existe entre les vers de Siraudin et la vraie poésie. Cela sent le confiseur d'une lieue ; et l'on cherche instinctivement si l'on n'a pas déjà vu des réductions de ce *Bon Pasteur* sur les boîtes de dragées qu'on distribue pour les baptêmes.

M. J. P. Laurens n'était pas un inconnu quand il exposa au salon de 1874. Déjà il s'était fait remarquer par des œuvres qui dénotent une profonde entente de la peinture. Le *Jésus guérissant un démoniaque*, qu'il a envoyé au salon de 1869, son *Saint Ambroise* et ses *Vendeurs chassés du temple* (1870), la *Mort du duc d'Enghien*, si dramatique, si puissamment exécutée (1872), la *Piscine de Bethsaïda*, de 1873, toutes ces toiles allient à la vigueur et à la sévérité du dessin la puissance et la justesse du coloris.

Dans le *Saint Bruno refusant les présents de Roger, comte de Calabre*, exposé au salon de 1874, M. J. Paul Laurens se montre encore en progrès sur lui-même. L'idée morale contenue dans cet épisode, d'une grande simplicité d'ailleurs, avait déjà fourni un tableau de maître, dont tout le monde a dû voir au moins les reproductions. Il n'est personne, en effet, qui ne connaisse l'*Hippocrate refusant les présents d'Artaxercès*. La même pensée de désintéressement qui avait fait naître l'*Hippocrate* de Girodet, devait se retrouver dans la physionomie et dans l'attitude de saint Bruno. Seulement, le milieu venant à changer, le monde chrétien ayant remplacé le monde païen, il fallait, sans enlever de la fermeté à l'ensemble de la composition, lui donner un tour moins âpre et plus onctueux. L'auteur n'était plus en présence d'un Grec à l'austérité théâtrale, et dont les mouvements sentaient la tragédie d'un Corneille ou d'un Racine; il avait à nous représenter un moine au cœur plein de charité, dont le front devait refléter la bonté et sourire au suppliant, dont la bouche ne pouvait laisser échapper que des paroles de bénédiction, dont les yeux enfin devaient exprimer par la paix du dehors le calme intérieur. Il y avait là un nouveau sujet d'étude, une nouvelle manière de figurer le désintéressement. Dans l'*Hippocrate* de Girodet, on sent l'homme qui fait un effort sur lui-même pour résister à quelque mauvais désir; son geste dramatique et quelque peu outré indique une lutte entre *la belle* et *la bête*, entre l'âme et le corps, entre la soif des richesses et le patriotisme qui lui défendait de les accepter. Le refus de saint Bruno, ayant un tout autre caractère, exigeait du peintre des qualités spéciales. Comment M. J. P. Laurens s'y est-il pris pour rester dans la vérité du sujet? Le saint est entouré de ses religieux, debout sous le portail du monastère; il rejette loin de lui jusqu'à la pensée même de pouvoir se laisser séduire par la vue des présents de Roger. L'habitude de la continence et la fermeté avec laquelle il a déjà refusé l'archevêché de Reims et toutes les dignités qui lui furent offertes par le pape Urbain II, qu'il avait aidé de ses travaux et de son intelligence, il les retrouve dans la circonstance présente, sans lutte, sans efforts, et comme une chose toute naturelle et presque d'instinct. Les mains étendues en avant et la tête légèrement tournée de côté, le moine semble donner l'absolution aux envoyés du comte de Calabre et leur pardonner d'avoir osé venir troubler l'homme de Dieu.

Ce tableau brille surtout par l'harmonie et l'unité de la composition, que l'on embrasse aisément d'un regard. Les figures des chartreux sont peintes avec une force et une réalité surprenantes, et l'attention est bien attirée sur le personnage principal, sur saint Bruno, merveilleusement éclairé. On retrouve dans cette belle tête ascétique un sentiment religieux tout aussi profond que chez Lesueur, quoique le *Saint Bruno* de ce dernier, reproduit dans vingt-six sujets, soit plus incorporel, plus immatériel que celui de J. P. Laurens, qui est bien en chair et en os, et qui cache sous une robuste enveloppe une âme aussi ferme, aussi vigoureuse que la matière qui la retient prisonnière. Sec, nerveux, durci par la bise des Apennins et la brûlure de son soleil, ardent d'un feu intérieur, son visage respire cependant la placidité et la piété monastique. Les draperies qui couvrent les envoyés du comte Roger ont un peu de cette largeur et de ce jet abondant qui caractérisaient en Titien le peintre à la fois le plus riche et le plus simple. La clarté du ciel bleu illumine le fond du tableau et concourt encore à faire ressortir les personnages et à leur donner un relief saisissant. Derrière une muraille pleine d'ombre, la cour développe au second plan ses files de colonnettes surmontées d'arcades et de petits toits en vieilles tuiles. Quand on regarde longtemps ce tableau, on croit avoir suivi les ambassadeurs du comte de Calabre dans ce lieu de recueillement et de silence, et l'on a franchi à peine en imagination les portes de la Chartreuse, qu'on éprouve déjà une sensation toute nouvelle; on entre dans le détachement et la douceur de la vie abstraite; la volonté se détend, le tumulte intérieur s'apaise, on se sent devenir moine comme saint Bruno et ses religieux, et l'on comprend qu'au bout d'une certaine période de cet isolement, on soit comme le révérend père, et qu'on ne songe plus à l'existence d'un autre monde en dehors de ce petit nombre d'êtres également recueillis et silencieux au milieu desquels la vie s'écoule, comme un beau fleuve, dans le calme et la retraite.

Le *Jeudi Saint* de M. Pils, le regretté professeur de l'École des beaux-arts, nous rappelle par la gamme très-douce des couleurs que cet artiste de talent s'est surtout illustré dans des grandes compositions traitées à la façon des aquarelles. La peinture n'a malheureusement pas montré à M. Pils tous ses trésors cachés; il ne lui a pas été plus facile d'en découvrir les secrets qu'il n'était facile aux Athéniens, apô-

tres fervents du culte de Cérès, de pénétrer les mys
tères d'Éleusis. Néanmoins on ne peut trop critique
l'œuvre d'un homme qui a eu d'aussi beaux états de
services que M. Pils. Prix de Rome au concours de
1838, il obtint des médailles de deuxième classe en
1846 et 1855, des médailles de première classe en
1861 et 1867, la médaille d'honneur en 1861. L'empereur le nomma chevalier de la Légion d'honneur
en 1857 et officier en 1867. Enfin il devint membre
de l'Institut en 1868 et dirigea un atelier à l'École
des beaux-arts.

Les têtes de ses moines dans le *Jeudi Saint,* plus
douces, plus élégantes que la tête de saint Bruno de
J. P. Laurens, ne laissent pas que d'impressionner
vivement par un grand caractère de mélancolie; et
les physionomies de ces enfants du peuple à qui les
moines sont en train de laver les pieds, selon l'usage
reçu dans les couvents d'Italie à pareille époque,
expriment bien l'étonnement mêlé de reconnaissance.

Il existait au Salon de 1874 une *Judith* de M. de
Gironde que je n'aime pas beaucoup. On est rebattu
des Judith, des Holopherne, des Jahel, des Sisara et
de tant d'autres personnages fort peu intéressants et
qui ne servent que de prétexte pour chercher dans
les contrastes, dans de brusques oppositions de couleur, des effets souvent manqués. Si encore M. de
Gironde s'était inspiré d'Allori Cristoforo, élève de
Cigoli, imitateur du Corrége, qui, ayant à peindre

le même sujet, en profitait pour exprimer avec le
pinceau les malheurs et les tracasseries qu'il éprou-
vait dans son ménage, et qui donnait à Judith les
traits de sa propre femme, à la suivante, cachant dans
un sac la tête du général assyrien, la physionomie
de sa belle-mère, et ne craignait pas de se représenter
lui-même sous les traits d'Holopherne décapité ! Peut-
être la plaisante idée de l'auteur m'eût-elle alors arrêté un instant. Mais il n'en a rien été : ce sont bien
toujours les mêmes personnages ; seulement Judith
est si peu jolie, si peu agréable au regard, qu'on ne
s'explique guère l'idée qu'Holopherne a eue, dans
son aveuglement, de la retenir à dîner sous sa tente.
Quand on se laisse prendre aux charmes d'une juive,
au moins faut-il qu'elle en ait ; et la veuve de Ma-
nassès, loin de figurer ici l'ange de l'assassinat, comme dirait Lamartine, ne ressemble qu'à une affreuse
mégère au type bestial et commun. Maintenant, il
faut le reconnaître, Holopherne n'était peut-être pas
très-délicat dans ses goûts. Quant à la négresse qui
jouait chez Cristoforo le rôle de sa belle-mère aca-
riâtre, je l'ai déjà rencontrée aux Champs-Élysées,
remplissant les fonctions de bonne d'enfants et
promenant les petites filles de quelque original
gentlemen.

Un autre artiste qui a également la spécialité des
sujets tirés de l'Ancien Testament, M. Thirion, l'auteur, lui aussi, d'une *Judith* plus estimée que ne le

sera jamais celle de son confrère en peinture, a remonté jusqu'aux sources de la Genèse et nous a exhumé un autre épisode également usé, celui de Rébecca à la fontaine. Tout le monde connaît cette simple histoire : Abraham, voulant marier son fils Isaac, âgé de quarante ans, envoie en Mésopotamie, le pays de ses parents, Éliézer, son intendant, pour tâcher de lui ramener une bru. Le vieux serviteur d'Abraham quitte donc son maître. Mais, harassé, fatigué à la suite d'une longue marche à travers les sables brûlants de l'Asie, il s'arrête dans une oasis, non loin de la ville de Nachor, et rencontre auprès d'une fontaine une jeune fille qui puisait de l'eau. Cette jeune fille, qui n'était autre que Rébecca, descendante de Bathuel, et petite-cousine d'Isaac, apercevant le pauvre voyageur, prend pitié de lui et lui offre de boire à même son vase. Éliézer accepte, et, tout en étanchant sa soif, il considère avec attention les beaux yeux de Rébecca et trouve qu'elle serait un parti très-honorable pour le fils de son maître. Or, comme les choses se passaient à cette époque fort convenablement, quoiqu'on en fût à peine à l'enfance de l'art, le vieux serviteur d'Abraham fait une demande en règle, parlant au nom de son maître, obtient une réponse affirmative, et emmène Rébecca ; huit jours après, Isaac épousait en légitime mariage, avec l'agrément des grands parents, sa charmante cousine ; et il en eut deux enfants, Ésaü et Jacob, rendus célèbres par l'histoire d'un plat de lentilles. Dans cet épisode, si simple et si rabâché, M. Thirion a eu le mérite de rajeunir les types sans cependant s'écarter de la vraisemblance et des traditions admises. C'est bien un peu la Judith de 1873, qui est redevenue la Rébecca de 1874. Mais j'aurais tort de m'en plaindre, car j'aime mieux voir deux fois le même joli visage, la même grande et svelte personne, que de regretter la première en regardant la seconde. Les poses, les gestes sont très-gracieux, Éliézer est bien ce vieux domestique si attaché à ses maîtres, qui fait presque partie de la famille, comme on en trouvait encore quelques-uns dans l'ancien régime, comme on aurait bien de la peine à en découvrir aujourd'hui. Enfin, le fond est très-soigné et complète bien l'ensemble. Les chameaux, les cactus, les palmiers, le ciel d'un bleu profond, tout est habilement disposé et placé de façon à faire valoir la perspective et les dégradations de lumière. C'est le tableau d'un peintre d'imagination.

Parlerai-je de la *Fuite en Égypte*, de M. Vetter ? Sa très-petite toile, avec des personnages microscopiques et un horizon sans bornes, figure assez bien l'immensité des sables du désert, s'étendant à perte de vue. Il y a un clair-obscur très-réussi, et un degré général de clarté sur lequel se détachent en ombres légères les petits personnages de la Vierge, de l'Enfant Jésus et de saint Joseph.

Un bon point à M. Cordier, pour son *Baptistère de sainte Justine, à Padoue.* Des détails bien rendus, une touche fine et délicate. Les murailles blanches, les reflets bruns des boiseries, les plis tombant des capuchons et des robes de moines, le bruissement des pas que l'on croirait entendre, tout cela éveille dans l'âme des sensations vagues, indistinctes, qui ne manquent pas d'un certain charme.

M. Cleyre, le célèbre artiste, « le peintre-poëte », ainsi que on l'appelait, mort si brusquement, il y a un an, de la rupture d'un anévrisme, en visitant l'exposition des Alsaciens-Lorrains, nous a laissé quelques bons élèves, parmi lesquels il faut citer en première ligne M. Monchablon, l'auteur des *Quatre Évangélistes.* On retrouve dans ses cartons pour fresques la simplicité et la variété des attitudes, la noblesse du style, l'élégance du dessin, toutes les qualités enfin qui distinguèrent les *Funérailles de Moïse,* exposées en 1869, et qui en firent un des meilleurs spécimens de la peinture religieuse de cette époque.

L'ampleur, la largeur d'exécution, par lesquelles brillent les *Quatre Évangélistes,* nous ont rappelé de fort beaux panneaux exécutés par la même main aux Camaldules d'Yerres, dans le délicieux cottage de M. Henri Chevreau. Les constants efforts de l'artiste pour se rapprocher de la manière de Michel-Ange lui ont valu une deuxième médaille, et la critique tout entière s'est associée à cette marque d'encouragement décernée par le jury, se félicitant de voir les rares défenseurs de la grande peinture trouver encore un appui tutélaire chez leurs maîtres naturels.

Il y a en peinture, comme en littérature, des classiques et des romantiques. Si M. Monchablon peut être rangé parmi les classiques, M. Gustave Doré doit être considéré comme un des chefs de l'école romantique. Il y a peut-être des peintres qui savent mieux varier les couleurs, mais il n'y en a guère, à coup sûr, qui aient plus d'imagination. C'est une qualité rare chez les artistes que l'invention ; elle est rare même quelquefois chez les grands maîtres. Or M. Gustave Doré a précisément cette qualité ; son esprit est essentiellement souple et inventif, et s'il est par moments tombé dans la bizarrerie et l'excentricité, il a toujours fui cette plaie, capable d'engendrer le spleen, la banalité.

Plein d'indépendance et de passion, il est l'opposé de M. Blanchard, peintre correct, sans aucune originalité, et qui, dans son tableau d'*Hylas entraîné par les Nymphes*, semble avoir peint à peu près comme le perroquet parle, répétant des mots appris, mais sans leur donner les inflexions de voix qui animent le langage, les accents qui partent de l'âme pour s'adresser à l'âme, sans leur donner, en un mot, l'expression. M. Gustave Doré, au contraire, ne ressemble à personne. Ses qualités comme ses défauts sont bien à lui. Il ne les a point empruntés à autrui; il les a créés lui-même. Dieu me garde d'en faire une des gloires les plus complètes de l'art contemporain : ses tableaux sentent beaucoup plus le dessinateur que le peintre, et ses plus belles inspirations sont souvent entachées de mauvais goût; mais il est de ceux qui pourraient bien dire avec le poëte, en ayant le sentiment de leur personnalité :

Mon verre n'est pas grand, mais je bois dans mon verre.

Or c'est par le temps qui court un titre sérieux que d'être soi, et j'avoue, pour ma part, qu'il m'est impossible de ne pas admirer la toile intitulée *Les Martyrs chrétiens,* qui m'a parue superbe d'effet, de poésie, de grandeur. Nous avons devant nous l'amphithéâtre de Flavien. C'est le soir, les gradins sont vides ; l'empereur, les sénateurs romains, vêtus de leurs augustes laticlaves, les prétoriens, le peuple-roi, ont quitté le cirque. Tout est rentré dans le silence. Les matrones, et jusqu'aux Vestales, qui se délectaient tant du spectacle du crime et de la mort, ont déjà, depuis longtemps, regagné leur demeure. L'air ne retentit plus du cri poussé par les païens forcenés : *Tolle impios !* Seul le grondement sourd des lions rassasiés résonne dans l'arène. Au milieu du cirque, entassés pêle-mêle, sont les cadavres des malheureux chrétiens, livrés

comme une proie vivante aux bêtes féroces, et dont
la courageuse agonie a dû soulever, pendant tout le
jour, des tempêtes de gaieté et exciter les convul-
sions du rire de César et de ses affranchis. Les lions
s'agitent au milieu de ces lambeaux de chair humaine. Les uns non rassasiés, non assoupis, mais
furieux, atroces, avides, cherchent encore quelque
chose à déchirer; les autres, alourdis, repus, soûls
du sang des chrétiens, s'étirent sur le sable humide
et bâillent effroyablement. C'est un spectacle saisissant d'horreur, qui fascine. Mais, où la réalité cesse
et où la poésie commence, c'est dans cette descente
des anges de la mort, qui s'abaissent sous un ciel
brillant d'étoiles, et viennent recueillir les âmes des
martyrs.

Il est difficile de concevoir d'une façon plus grandiose un sujet plus émouvant. Au point de vue de
la couleur, M. Gustave Doré a peut-être un peu trop
abusé du bleu. Mais il ne faut pas le chicaner pour
si peu de chose. Guide a bien adopté la teinte blanche,
le gris argenté, le gris ardoisé, peignant tout en
pleine lumière ; Caravage avait bien la spécialité de
faire noir, brun, charbonneux, terreux, peignant
tout dans l'ombre opaque ; il n'y a rien d'étonnant
que Gustave Doré ait aussi sa manière, et qu'il ait
épuisé dans son tableau toute la gamme des bleus,
variant à l'infini, et très-brillamment, les tons et les
degrés de lumière.

En résumé, c'est une toile fort intéressante, qui nous sort du rabâchage, de la mode et du convenu.

Les peintres de décadence ont leurs fanatiques. Il existe de l'autre côté de l'Océan un peuple d'amateurs qui se passionnent pour les Bouguereau. Au Salon de 1874, ils avaient le choix entre l'*Homère et son guide,* la *Charité,* les *Italiennes à la fontaine.*

Ce doit être un bien aimable homme que M. Bouguereau, si l'on en juge par sa peinture. Tout ce qu'il fait a un suprême cachet d'élégance. C'est brillant, lustré, lavé, et d'une coquetterie pleine de séductions. Est-il possible de montrer sous un jour plus charmant l'image de la Charité? Imaginez-vous une adorable femme qui allaite deux chérubins. Beau jeune homme, méfiez-vous de cette délicieuse Napolitaine. Je ne sais pourquoi, mais je ne crois pas beaucoup à une charité m'apparaissant sous des dehors aussi mondains. Je ne vous conseillerai pas non plus de vous attarder trop longtemps près de la fontaine où puisent ces ravissantes jeunes filles italiennes. Prenez bien garde : le premier pas, hélas! se fait sans qu'on y pense.

Quant au grand poëte Homère conduit par son guide, j'avais bien envie de lui dire : « Passez, mon bonhomme, on vous a déjà donné; » mais les beaux yeux de la Charité, qui me regardaient mélanco-

liquement, m'ont empêché de commettre cette irré-
vérence.

Les révolutions qui ont labouré le sol de la
France ont bien affaibli le sentiment des beautés
de l'antiquité historique et religieuse Il importe
cependant d'arrêter les progrès rapides de l'indifférence pour la grande peinture ; et c'est à diriger vers
les sommets que doit tendre principalement l'enseignement de l'École des beaux-arts.

Nous sommes loin, en effet, de ces temps pleins
d'une foi ardente, où les maîtres de la peinture
religieuse s'enfermaient, comme Fra Angelico, dans
un couvent, pour vivre en communion plus intime
avec les divins modèles dont ils cherchaient à s'inspirer. A cette époque, la peinture n'était pas un
moyen d'arriver à la fortune ; on payait moins
l'artiste, mais on l'honorait davantage, on ne s'étonnait pas d'entendre un souverain s'écrier : « Le
Titien mérite d'être servi par César. » Heureux âge,
où l'artiste, loin de faire du métier, travaillait par
vocation, sans se préoccuper des succès personnels
et des critiques du public ! C'était un croyant qui
mettait toute son âme dans ses tableaux ! Peut-être
avait-il moins de coloris, moins d'habileté de pinceau,
moins de savoir-faire ; il pouvait moins bien connaître la réalité, mais il devinait mieux l'idéal. Le
doute n'avait pas encore couvert le monde entier,
comme une tache d'huile, pénétrant jusque dans les

replis cachés de notre cœur. Voltaire n'était point
né. Le soleil, un instant éclipsé dans les âges de
barbarie, répandait sa lumière féconde sur notre
pauvre argile. Une aurore d'espérance et d'avenir
venait de se lever ; le monde avait une seconde jeunesse, et cette seconde jeunesse, si brillante de
vigueur et de poésie, ce siècle qui enfanta tant de
merveilles, on l'appelait par cela même la Renaissance. On rencontrait alors des hommes comme le
Pérugin, comme Raphaël, comme le Vinci, comme
Michel-Ange, qui, croyant à quelque chose, cherchaient à atteindre les plus pures visions mystiques ;
leurs œuvres n'étaient point destinées à quelques
riches Anglais, collectionneurs par mode plutôt que
par goût. Les peintres ne se servaient de la matière
sensible et des formules admises que pour purifier
l'art en l'embellissant. Leur langage ne s'adressait
pas seulement à ce monde au milieu duquel ils
vivaient ; s'élevant au-dessus des misères de l'humanité par l'indépendance du cœur, par l'émancipation
de l'intelligence, ne reconnaissant d'autres liens que
ceux de leur inspiration et de leur conscience, ils
s'efforçaient partout et toujours de figurer l'insondable et ineffable au delà. Aujourd'hui, que nous
reste-t-il ? la ferveur et l'enthousiasme se sont envolés comme de blanches colombes, vers les régions
éthérées d'où elles nous étaient venues. Il n'y a plus
qu'une croyance, qu'un culte qui ne soit pas près

de s'éteindre, le culte du veau d'or. Appelez-vous
Cabanel, Pils, Bonnat, ou simplement Lazerges,
Mazerolles, vous avez perdu les traditions du style
pieux. On ne voit plus jaillir l'étincelle divine de
vos vierges, de vos christs. Vous avez cherché votre
Dieu, vous ne l'avez point trouvé.

Pour aller jusqu'aux cieux il vous fallait des ailes ;
Vous aviez le désir, la foi vous a manqué.

Il n'est personne qui ne connaisse ce qu'on appelle
dans les lycées l'élève fort en thème : c'est un garçon
attentif, studieux, la tête bourrée de formules latines
dont il sait faire son profit à l'occasion. Malheureusement, la conséquence d'une si grande force en
thème est souvent une insigne faiblesse pour les vers
latins. L'imagination, « cette folle du logis », quand
elle n'est pas tout à fait absente, n'apparaît guère
qu'au second plan. Ce qui frappe tout de suite, c'est
la correction. Ce qui fatigue, c'est qu'il n'y a rien à
admirer ou à critiquer. C'est d'une régularité qui
donne froid ; l'élégance même, s'il y en a, est de
commande. On dira bien d'un élève qui réalise de
telles qualités : « voilà un piocheur », mais on ne
songera jamais à l'éclosion d'une belle intelligence.
Qu'on n'aille pas croire d'ailleurs qu'il n'y a que
les lycées pour avoir le monopole des élèves forts en
thèmes ; l'École des beaux-arts a aussi les siens, et

M. Blanchard en est un exemple frappant. Voyez son *Hylas entraîné par les Nymphes*. Si vous n'y trouvez pas le plus petit oubli des règles de l'école, vous n'y découvrirez pas non plus l'étincelle qui tranforme et qui idéalise tout. Il faut faire ici un grand effort sur soi-même, pour arriver à se figurer Hylas étendu sur la rive du fleuve Ascanius et doucement attiré par les naïades à l'œil glauque. Pendant longtemps j'ai cru être en présence d'un garçon boucher se laissant gauchement glisser d'un arbre dans les prés fleuris qu'arrose la Seine, au milieu de jeunes demoiselles, légèrement vêtues, qui n'ont jamais joué le rôle de naïades que le soir, dans quelque féerie des théâtres de la Gaîté ou du Châtelet. A l'heure qu'il est, je ne suis pas encore bien sûr du contraire. En tous cas, si j'en juge par ce que j'ai éprouvé moi-même, je ne conseillerai jamais à mes amis de regarder trop longtemps ce tableau, sous peine d'être pris, au bout de quelques instants, par un de ces sommeils lourds et profonds tels que savent en donner les tisanes de pavot.

En résumé, si M. Blanchard ne veut pas s'élever plus haut dans ses conceptions artistiques, je lui prédis à son tour le sort d'Hylas. Semblable au compagnon d'Hercule, il se laissera entraîner, aussi maladroitement, par des nymphes de troisième ordre, qui le noieront cette fois dans les eaux du Léthé ; et ce ne sera plus Hercule qui le pleurera, mais bien tout le monde des amateurs, qui avaient le droit de mieux attendre des qualités sérieuses de son esprit, et de se montrer difficiles pour un jeune artiste que chacun sait doué d'excellentes qualités.

Le portrait du *Jeune****, du même auteur, est bien naïvement et bien gentiment posé. Quant à son Hérodiade, c'est, assurément, la sœur des nymphes de tout à l'heure par l'ennui qu'elle vous cause.

Êtes-vous embarrassé pour le sujet d'un tableau, faites comme M. Bin, l'auteur d'une *Vénus* qui semble obtenue par le procédé de la décalcomanie.

Ouvrez un volume quelconque de poésie, les œuvres d'Alfred de Musset, par exemple, et lisez dans *Rolla* ces trois vers si connus :

> La Vénus Astarté, fille de l'onde amère,
> Secouait, vierge encor, les larmes de sa mère,
> Et fécondait le monde en tordant ses cheveux.

Immédiatement vous prenez votre pinceau, et vous charpentez une jeune fille « dans le simple appareil d'une beauté qu'on vient d'arracher au sommeil ». Comme il s'agit d'une déesse, vous n'avez pas à vous préoccuper de l'équilibre, et vous faites, de par droit divin, tenir votre Vénus debout sur une vague qui déferle. Ayez soin d'accuser à peine les teintes pour donner à votre apparition les nuageuses apparences du rêve. Enfin, arrondissez légèrement les bras au-dessus de la tête de la déesse, et laissez glisser entre

les doigts les na'tes épaisses de ses longs cheveux
blonds : vous obtenez ainsi une Vénus Astarté, qui
secoue les larmes de sa mère. Ce n'est pas plus difficile que cela. Après quoi, vous me direz peut-être
que les chefs-d'œuvre ne se font pas ainsi. Je vous
répondrai que je suis de votre avis, et que ce qui m'a
surtout paru beau dans cette toile, ce sont les vers
qui l'ont inspirée, si l'on peut encore voir de l'inspiration dans cette grande fille, blonde des pieds à la
tête, et froide comme l'onde amère d'où elle vient de
sortir.

Cependant, et pour rester dans la vérité des appréciations, je ne demande pas mieux que de reconnaître
une certaine souplesse dans les lignes, de la simplicité dans les couleurs, et cette largeur de pinceau qui
fait de l'œuvre de M. Bin une des plus satisfaisantes
expressions de l'art décoratif. Mais c'est tout, et je ne
trouve rien de plus à en dire.

« Salut, souveraine déesse à l'arc divin, qui, montant lentement dans le ciel étoilé, répands autour de
toi ta blanche clarté! » Cette prosopopée, s'adressant
à la lune, autrement dit à Séléné, est tirée de l'An-
thologie grecque. Quant au délicieux tableau qui représente la chaste déesse et dont ces lignes de l'An-
thologie sont, en quelque sorte, l'épigraphe, il est tiré
tout entier du cerveau rêveur et studieux de M. Machard. A la bonne heure, voilà bien ma déesse, telle
que je la vois en rêve, impalpable et nuageuse, pâle

comme la lune, qu'elle personnifie, vaporeuse comme le nimbe qui l'enveloppe. Assez longtemps on avait contemplé la sœur d'Apollon sous les traits de Diane chasseresse avec ses grands lévriers; il était donné à un jeune artiste plein d'avenir, pensionnaire de Rome, d'avoir la hardiesse et le talent de rompre la tradition, et de nous figurer l'amante d'Endymion allongeant son beau corps courbé en forme d'arc, et dont les teintes à peine nuancées rappellent les ravissantes apparitions de l'astre nocturne. On a reproché à M. Machard, précisément, ses couleurs effacées, et on a prétendu que sa Séléné ressemblait à une peinture sur faïence. Aurait-on mieux aimé, par hasard, quelque déesse flamande, à pulpe lymphatique et sanguine, au tempérament vigoureux, la figure nourrie de roses, comme les têtes de Rubens, plus femme que déesse, plus courtisane que vierge? M. Machard n'a pas été de cet avis, il a préféré le rêve mystique, la sensibilité fine à la force active, au large épanouissement des sens, la poésie du sentiment intime à la jouissance extérieure. Il lui a semblé que la blancheur délicate d'une chair légèrement imprégnée de lumière rentrait mieux dans son sujet que s'il s'était complu à peindre une carnation splendide et des chairs toutes frémissantes de la rouge ondée du sang qui monte et descend dans les veines. Et puis, qui sait s'il n'a pas été le premier à croire à la divinité de sa Séléné, et s'il n'a pas craint de la faire trop

femme, de peur d'en devenir amoureux, comme
Pygmalion de sa Galatée. Il s'est défié de « cet être
ondoyant et divers » et il n'a pas voulu animer par
trop son ébauche. Aussi s'est-il contenté d'accuser
quelques courbures pleines d'une douceur et d'une
grâce vraiment divines, et il a donné à Séléné le ton
sobre et presque terne de la fresque, pour la rendre
plus chaste encore.

Telle qu'elle est, la Séléné de M. Machard nous
plaît infiniment, et nos yeux ne peuvent se lasser
d'admirer ces formes si pures, si délicates, d'un coloris si tendre et si exquis. Il ne se peut rien imaginer, en effet, de plus suave ni de plus délicieux
que cet adorable sujet de plafond, plein à la fois de
naturel et d'originalité. Je voudrais connaître le
boudoir où viendront s'épandre les lueurs mystérieuses qui servent d'auréole à la blonde Phœbé, et
ressembler au berger carien à qui les regards de la
déesse devaient donner l'immortalité.

Pour réaliser, dans une certaine mesure, son rêve
d'artiste, M. Machard a peint dans une gamme
très-douce la Séléné, qui s'élève dans les cieux, laissant flotter aux vents des nuits ses beaux cheveux
pâles, tenant d'une main le disque de la lune, dont
la partie lumineuse dessine un arc, tandis que de
l'autre main, repliée sur la tête, elle vient de lancer
une flèche dans l'espace éthéré. Encore une fois,
cette œuvre dénote un sentiment profond de l'art,

et qui sait si M. Machard ne sera pas un de ces
amants de la peinture dont parle Michel-Ange,
quand il dit que la peinture est une muse jalouse,
voulant qu'on se livre à elle sans réserve, sans partage ?

Le monde païen était d'une richesse et d'une fécondité vraiment extraordinaires. A côté des dieux
et des déesses, il y avait les demi-dieux, tels que les
faunes, les satyres, et la troupe folâtre et légère des
nymphes, telles que les naïades, les dryades, les
napées, les ménades, etc. Parmi les demi-dieux, les
satyres, qui ne figurent, parait-il, que des orangs-
outangs idéalisés, venus des Indes à la suite des
conquérants, sont encore les personnages sur lesquels les légendes asiatiques nous ont laissé le plus
de notions. Ainsi, on les représentait comme de
petits hommes velus, avec des pieds de bouc, la tête
ornée de cornes de chèvre, et les oreilles pointues,
aures acutas, selon l'expression d'Horace. D'une
grande agilité, forts autant que violents et lascifs,
ils passaient leur vie à danser, à boire ou à pour-
suivre les nymphes. Aucune contrariété, pas de
préoccupation, sachant se gouverner tout seuls, ils
vivaient ainsi au nombre de trois mille (d'après Hé-
siode) et pendant des milliers d'années. Jamais la
moindre révolution ne venait troubler leur quiétude, ils avaient même les uns pour les autres certains égards, et on n'en voyait pas maltraiter leurs

collègues. Telles étaient leurs qualités. Leurs défauts (car ils en avaient) consistaient surtout à tourmenter les pauvres nymphes, qu'ils rencontraient au bord des flots murmurants, aux sources verdoyantes des fleuves. Néanmoins ils se constituaient quelquefois en famille, et se reposaient alors dans un nid d'ombre et de feuillage, comme d'honnêtes bourgeois, élevant leurs enfants dans le respect des habitudes établies, et les menaçant, s'ils ne voulaient s'y conformer, de les faire descendre au rang des humains, cette race mauvaise et pervertie, qu'ils considéraient comme des êtres déchus, descendant du grand révolutionnaire Prométhée. Bref, ceci se passait dans l'âge d'or, et cet heureux temps, qui ne dura, hélas! que trop peu, a inspiré un jeune peintre de l'école moderne et lui a fourni le sujet d'un tableau intitulé : *Une Famille de satyres.*

Le père, un vigoureux satyre, tient sur ses genoux son fils, qui souffle dans une double flûte, pendant que sa mère, langoureusement étendue sur des peaux de bête, ronde et rieuse, regarde avec joie son fils, qu'elle trouve beau, et dont les manières enfantines et la bonne humeur la rendent toute fière. Le jury a décerné à M. Priou une première médaille pour ce charmant tableau ; et c'était justice.

La *Bacchante jouant avec un Satyre,* d'une touche pleine de finesse et de grâce, a également valu une médaille à M. Gervex, son auteur. Dans

une solitude champêtre, le satyre et la bacchante
se tirent mutuellement les cheveux. C'est peut-
être une distraction un peu enfantine, mais la
mignonne petite nymphe, aux formes arrondies,
onduleuses et régulièrement épanouies, s'abandonne
d'une façon à la fois si mutine et si tendre qu'on n'a
vraiment pas le droit de s'en plaindre, et personne
du reste ne s'en est plaint, ni parmi le public, ni
parmi les jurés.

On a trouvé hardi M. Pousan-Debat d'avoir
osé, après les grands maîtres, peindre Adam et Ève
prosternés devant le cadavre d'Abel. Peu de couples
ont été aussi mal assortis. Adam a vingt ans de plus
que sa femme, et Ève n'a jamais été la mère de ce
jeune homme, qui a trouvé moyen, en mourant,
de prendre une pose des plus gracieuses. Ève est fort
touchante d'affaissement. On ne voit pas son visage,
plongé sous ses cheveux blonds. Le dessin du corps
est un peu rond, mais souple et moelleux. L'ensemble révèle un pinceau assez élégant, un vif sentiment
de l'harmonie des couleurs. Enfin, d'une belle matière à mettre en vers latins, M. Pousan-Debat a su
tirer un agréable tableau.

Un jour, sur les coteaux boisés qui avoisinent la
capitale, M. Carolus Duran rencontra quelque
jeune Parisienne à qui il dut tenir à peu près ce
langage : « Jeune fille, vous êtes charmante ; vos
beaux cheveux, ardents comme le soleil en plein

midi , encadrent délicieusement votre mignonne
figure. Laissez-moi vous contempler à loisir, car
vous êtes la ravissante créature que je cherchais
depuis longtemps, et dont j'avais absolument besoin
pour compléter la femme que j'avais rêvée, et qui
possède déjà un torse, des jambes, des bras, tout, sauf
la tête. Vous serez cette tête chérie, et je vous appellerai la Rosée, parce que vous êtes fraîche comme
elle, et que vos yeux, limpides et mouillés comme
la prairie par les vapeurs du matin, semblent le
miroir d'un cœur à peine éclos. Je veux que ma
Rosée, s'inspirant de votre gentille personne, respire
les naïves émotions d'une aube naissante, et que ses
joues aient, comme les vôtres, l'éclat printanier des
fleurs illuminées par les premiers rayons du jour. »
M. C. Duran lui dit sans doute encore beaucoup
d'autres choses que notre plume est infidèle à reproduire. Ce qu'il y a de certain, c'est qu'il rentra chez
lui plein de mélancolie, saisit son pinceau, ses couleurs, sa toile, son chevalet, et se mit au travail.
Le lendemain chacun pouvait admirer debout, au bord
d'un petit ruisseau, sur un fond d'un vert tendre et
plein de franchise, l'adorable petite Rosée, dessi-
nant avec une élégance souveraine et raffinée les
lignes onduleuses de son beau corps.

Peut-être la composition tout entière manque-
t-elle de style et ne donne-t-elle pas l'idée bien précise d'une déesse, d'une nymphe ; peut-être l'attitude

est-elle un peu gauche, les épaules et les bras un peu
grêles? Quoi qu'il en soit, on ne peut méconnaître
beaucoup d'esprit dépensé dans cette physionomie
délicate et fine, dans ce galbe distingué et mondain.
Et, tout en critiquant le défaut de simplicité qui
met l'œuvre de M. C. Duran si loin de la *Source*
d'Ingres, on n'en est pas moins frappé par la sûreté
du dessin, par la vigueur du coloris, et par cette
recherche et ce culte de la grâce féminine, tantôt
suave et pénétrante, tantôt mignonne et mutinée,
qui est bien la marque des génies de notre époque,
sacrifiant tout au plaisir des yeux.

Un autre jeune peintre d'un grand talent est
M. Henri Lévy. Après avoir exposé en 1873 son
Christ au tombeau, qui impressionna si vivement
le public, M. Lévy a voulu, en 1874, faire profiter le
monde païen des trésors de sa palette. Le *Sarpédon*
est une nouvelle étape glorieusement franchie.

Il est peut-être indifférent de savoir que Sarpédon
était fils de Jupiter et de Laodamie, qu'il régnait
dans cette partie de la Lycie que le Xanthe arrose,
et qu'il rendait son État florissant par sa justice
autant que par sa valeur. Mais ce qu'il faut que l'on
connaisse pour bien saisir le sujet du tableau, ce
sont les derniers épisodes de la vie de ce héros. A
l'époque de la guerre de Troie, Sarpédon vint au
secours de Priam avec de nombreuses troupes ; mais
il fut tué par Patrocle, revêtu des armes d'Achille.

Alors Jupiter donna à Apollon l'ordre d'enlever lui-même le corps de Sarpédon du champ de bataille. Apollon s'empara immédiatement du cadavre du malheureux jeune homme ; il le lava dans les eaux du fleuve, le parfuma d'ambroisie, le revêtit d'habits immortels, et le donna au Sommeil et à la Mort, qui le portèrent promptement en Lycie, le pays de son peuple. Seulement, et c'est ici que se place le rêve poétique de l'artiste, le Sommeil et la Mort, avant de transporter en Lycie leur précieux fardeau, s'élevèrent jusqu'à l'Olympe, et vinrent présenter à Jupiter le corps inanimé de son fils. Cette petite ascension n'est pas authentique, du moins au point de vue des mœurs grecques, et avec les seuls renseignements que nous fournit l'*Iliade*. Mais j'avoue n'avoir pas le courage de chicaner pour si peu M. H. Lévy, et j'aime mieux, au lieu de m'attarder à discuter si l'artiste est ou non resté dans la tradition homérique, admirer sans réserve cette œuvre émouvante et grandiose, où la beauté de l'expression ne le cède point à la tendresse du sentiment, et qui brille surtout par une fraîcheur de coloris qui rappelle le Corrége. Rien de plus académique et de plus vrai que le mouvement ascensionnel du Sommeil et de la Mort qui enlèvent Sarpédon et s'envolent en raccourci horizontal, les ailes déployées. Jupiter, qui arrive du haut de l'Olympe et se penche sur le cadavre de son fils pour lui donner le baiser suprême, indique bien, par sa physionomie, la douleur du père unie à la majesté du dieu. Une puissance sans bornes, une jeunesse impérissable, semblent faire rayonner cette face à barbe blanche. Enfin il y a de l'aisance, de la grâce, de la force et de l'ampleur dans la structure du corps de Sarpédon, à qui les ciseaux de la Parque n'ont rien enlevé de sa beauté, et dont la pâleur touchante, sans avoir rien qui puisse affecter péniblement le regard, ne laisse à l'esprit qu'une profonde impression de tristesse et de langueur.

C'est une chose curieuse, comme la vogue pour certains tableaux varie suivant le public qui visite l'exposition ! Est-ce un des jours de la semaine, excepté le jeudi et le dimanche, les porteurs de cartes spéciales ou le public payant se dirigent de préférence vers les grands sujets religieux, historiques, mythologiques : et j'ai remarqué que, dans cet ordre d'idées, les Henner, les Laurens, les Humbert, les Cabanel, les Matejko, les Machard, les Carolus Duran, etc., avaient le don de spécialiser, en quelque sorte, l'attention des visiteurs. Est-ce au contraire un dimanche ou un jeudi, jours pendant lesquels la foule peut se ruer gratuitement dans le Palais de l'Industrie, et grouiller à son aise dans des salles poussiéreuses et absolument dépourvues d'oxygène, alors les déshérités de la veille deviennent les heureux du lendemain ; les tableaux

de genre, qui, loin de répondre à quelque sentiment
général du cœur humain, peignent plutôt une époque, et n'ont souvent que l'intérêt d'une question de
mode, passionnent ce que j'appellerai, peut-être sans
beaucoup de respect, le gros du public. Ce n'est pas
à dire que l'opinion des masses soit inintelligente et
qu'il faille ne s'en point préoccuper ; j'estime, au
contraire, que la foule a pour elle le monopole du
bon sens, et que, n'appartenant à aucune secte, à
aucune école, venant à l'exposition sans parti pris,
sans idée préconçue, elle jugera d'une façon plus
saine, et assurément avec plus d'indépendance et
plus de liberté dans les appréciations, que beaucoup
de critiques, qui ne se peuvent dégager de certaines
préférences, de certaines impressions forcées. En
effet, le tempérament, la nature d'esprit, l'influence
des milieux, des études dirigées vers un but spécial
et déterminé, il n'est rien qui ne concoure à renfer-
mer le critique dans un cercle de pensées favorites
auxquelles il lui est très-difficile, sinon impossible,
de s'arracher, et tout maintient sa faculté de juger
dans une servitude d'autant plus grande qu'elle est
plus inconsciente et plus involontaire. La foule
n'admire qu'une chose : la peinture qui l'intéresse
par le côté anecdotique ; elle aime voir l'artiste lui
rappeler un fait de notre histoire, soit moderne, soit
contemporaine, ou bien lui représenter un des mille
petits événements qui agrémentent notre vie de cha-

que jour et réveillent un peu nos sensations endormies. Mais, dans des siècles d'ici, toutes ces peintures ne vaudront que par la signature de leur auteur, tandis qu'aujourd'hui elles attirent surtout par un très-vif caractère d'actualité.

A la tête des privilégiés du dimanche et du jeudi il faut placer M. Gérome. Après avoir peint d'assez grandes toiles, l'illustre artiste a restreint sa manière, il a voulu imiter Terburg; mais, je dois l'avouer, malgré la médaille d'honneur qu'il a gagnée à la sueur de son front, car il y a eu cinq ou six votes successifs et un ballottage très-peu flatteur. M. Gérome m'a paru rester au-dessous de celui qu'il semble avoir pris pour modèle.

Il y avait au salon de 1873 trois tableaux de lui, qui sont fort agréables à voir. L'*Éminence grise*, autrement dit le Père Joseph, l'âme damnée de Richelieu, est représentée descendant l'escalier du Palais-Cardinal et lisant avec attention son bréviaire, pendant que les courtisans, qui passent près de lui, font des courbettes et des salutations à n'en plus finir. Si je ne traitais un sujet sérieux, je crois que je fredonnerais ce charmant petit refrain d'Offenbach dans *Barbe-Bleue* :

> Faut qu'un courtisan s'incline,
> Qu'il s'incline, qu'il s'incline, etc.

La tête du moine est très-expressive, malgré sa

petitesse, et toute sa personne révèle un violent or-
gueuil et un profond mépris de ses semblables sous
le froc humble et modeste d'un pauvre religieux.

La *Collaboration* nous montre Corneille lisant à
Molière le troisième acte de *Psyché*. Les deux poëtes
sont assis chacun aux deux bouts d'une table, et la
simplicité de costume du grand Corneille contraste
avec les habits brillants et lustrés de Molière. Que
de choses disent ces deux physionomies, et combien de surprises se dévoilent insensiblement à
mesure que l'on regarde avec attention cette toile,
si intéressante et si touchante à la fois !

Le *Rex-Tibicen* me plaît beaucoup moins. Frédéric II revient de la chasse, et, sans prendre le
temps de se débotter, il est rentré tout droit dans son
cabinet de travail. Avec une ardeur juvénile il s'empare de sa flûte, son instrument favori, et souffle
dedans avec passion, répétant sans doute quelque
passage difficile qu'il voudrait venir à bout d'exécu-
ter convenablement. Au-dessus de sa tête se trouve
le buste de Voltaire, grimaçant et railleur. Voltaire
m'a paru bien vieux pour l'époque. C'est, je crois, le
même buste que celui du Théâtre-Français. Il y a là
une grosse erreur chronologique. Faudra-t-il donc
renvoyer M. Gérome lui-même, membre de l'Institut, qui a pourtant la réputation de ne négliger
jamais aucun détail, et qui est remarquable par
l'exactitude et le fini de ses compositions, faudra-t-il

e renvoyer à l'*Art de vérifier les dates?* Et ce n'est
pas tout (on m'excusera de m'attacher à de si minces
détails, mais j'attaque un homme qui brille juste-
ment par ce petit côté); il y a, au fond du cabinet de
Frédéric II, une mappemonde qui s'obstine à rester
dans la boiserie, et ressemble beaucoup plus à un
grand pain à cacheter qu'à une surface sphérique.
Enfin, je n'aime pas qu'un artiste mette autant de
soin à peindre des lévriers prenant langoureusement
leur ébats qu'à représenter le personnage principal,
sur qui devrait se concentrer particulièrement l'attention. Soignez les accessoires, cela est naturel et
même nécessaire, mais qu'on se s'aperçoive pas que
vous avez eu autant et même plus de plaisir à peindre
un chien, un chat, un bouton de porte, qu'à figurer
avec votre palette une des plus grandes personnalités
de l'histoire.

Je suis peut être en train de commettre une hé-
résie; mais, bien que l'art soit cosmopolite et qu'il
faille faire ici abstraction de toute pensée de chauvi-
nisme, je trouve au moins bizarre qu'on ait récompensé, en lui donnant la médaille d'honneur, un
peintre français ne trouvant à nous offrir, parmi tant
d'événements intéressants de l'histoire, qu'un roi de
Prusse ennemi de la France, et qui n'eut jamais
d'autre préoccupation que de ruiner notre pays, qu'il
détestait cordialement, bien qu'il s'entourât de ses
philosophes et de ses poëtes pour s'en faire une cour

de plats courtisans. En tous cas, le moment m[...]
paru mal choisi.

Combien les jurés ont eu pour la sculpture u[...]
inspiration plus heureuse, en décernant la gran[...]
médaille à un tout jeune homme, M. Mercié, aute[...]
d'une œuvre grandiose intitulée : *Gloria victis!* [...]
parlerai plus tard et non sans une certaine émotio[...]
de ce groupe très-remarquable, qui n'a rencont[...]
chez tout le monde qu'un même sentiment d'estim[...]
et d'admiration, et qui fait honneur à l'artiste, au[...]
tant par le choix du sujet que par la perfection et l[...]
grandeur de l'exécution.

« Heureux les peuples qui n'ont pas d'histoire,
a dit je ne sais plus quel penseur. Ils ne souffren[...]
pas, en effet, des traditions du passé gênant leu[...]
marche progressive à travers les idées de l'avenir, e[...]
ils n'ont pas à craindre de voir quelque illustre fa[...]
bricant de croûtes picturales caricaturer et salir le[...]
événements glorieux qui auraient pu marquer leu[...]
existence, et les eussent signalés à l'attention, l[...]
plus souvent malveillante, de leurs voisins, c'est-à-
dire de leurs ennemis.

Mais alors combien sont à plaindre aussi les na[...]
tions qui, ayant par certains faits mémorables, tenu[...]
pendant de longues années le flambeau de l'humanité, ne possèdent plus aucun artiste capable de pro[...]
longer en quelque sorte les gloires de leurs pays,
en leur donnant l'immortalité par l'empreinte de leur

génie ! Qu'aurait été pour nous Alexandre le Grand, sans l'historien Quint-Curce ? Et que serait Étienne Bathori, roi de Pologne, sans le peintre, Polonais d'Autriche, Matejko ?

La grande machine militaire de M. Matejko rappelle un des glorieux épisodes de l'histoire polonaise. Bathori est assis sur le devant de sa tente, couverte de magnifiques étoffes. Son attitude est celle d'un homme habitué à faire beaucoup de besogne sans bruit. La figure ne révèle aucune altération dans les traits, dans les couleurs, dans les muscles. Son regard fixe et sombre, sa bouche dédaigneuse, rappellent bien l'homme habitué à vaincre et à recevoir la soumission des vaincus. Cette fois il est près de Pskow, et les envoyés d'Ivan le Terrible, l'empereur moscovite, qu'il a terrassé, viennent lui apporter le pain et le sel. Le nonce apostolique Antonio Possevini joue le rôle d'introducteur des ambassadeurs. Il est vêtu d'un costume noir qui contraste singulièrement avec les médailles, les grades, les rubans, les broderies, les costumes chamarrés d'or des princes polonais. Ces derniers sont de robustes gaillards de six pieds, tous faits pour rendre jaloux un Patagon. Les Moscovites présentés par le légat ont aussi la physionomie de vigoureux forgerons tracés à grands traits et par grosses plaques de couleur, comme une tapisserie. C'était alors l'époque des muscles, de même que nous sommes aujourd'hui à l'époque des nerfs, et il ne

déplaît point de voir une certaine rudesse de pinceau, qui convient d'ailleurs assez bien au sujet. Je
ne détaillerai pas les attitudes de chacun des envoyés
d'Ivan le Terrible. Les uns, en vrais Tartares in-
domptables, se courbent à peine devant le vainqueur ;
les autres, au visage servile, aux formes vulgaires,
se prosternent littéralement, et ressemblent plus à
des esclaves par leur bassesse qu'à des guerriers vaincus. Quant au roi de Pologne, Bathori, il contemple
ce spectacle avec un orgueil mal dissimulé ; la gloire
et le triomphe resplendissent dans ses traits, comme
un lever de soleil sur les eaux du Danube. Enfin, le
fond du tableau représente l'incendie de la ville de
Pskow, et les flammes ceignent l'horizon d'un nuage
de feu.

Au total, le Bathori de Jean Matejko, cet élève de
l'école de Cracovie, est une toile brillante, fièrement
brossée et où l'on sent l'œuvre d'un peintre d'une
véritable puissance, possédant une grande habitude
de la mise en scène, et ayant du pittoresque et de la
richesse dans l'exécution. Peut-être seulement y a-t-il
un peu trop de détails, et les personnages du second
plan ont-ils tout au plus l'excuse de boucher des trous.
Mais il n'en reste pas moins une impression large,
énergique, qui permet de placer cette nouvelle toile
sur le même rang que l'*Union de Lublin,* si remar-
quée au Salon de 1870. Enfin, nous n'avons pas le
droit de nous montrer bien difficiles pour les peintres

de l'histoire étrangers, quand nous songeons à notre
pénurie.

Il ne se peut rien imaginer de plus insignifiant en
effet que les *Funérailles de Pompée*, de M. Vignon.
Un régisseur ferré sur les règles aurait mieux disposé ses acteurs dans une scène de tragédie ; et ce
tableau est même au-dessous de la traduction d'une
version de Tite-Live faite par un mauvais élève de
quatrième.

Nous n'avons vraiment qu'un peintre d'histoire,
M. Puvis de Chavannes. Lui seul a su s'inspirer des
premiers événements de la vieille Gaule. Son *Charles-
Martel*, peinture murale destinée à l'Hôtel de ville
de Poitiers, a ce ton mat et harmonieux que revêtent
les fresques des anciens maîtres de l'école italienne.
M. Puvis de Chavannes est une individualité artistique complétement à part, et il convient de regarder
avec respect ses œuvres, d'une conception si élevée,
bien qu'elles manquent de cette communicabilité pénétrante que donne la couleur et qui attire la foule
inexpérimentée.

Un tableau d'histoire devient un tableau de genre
lorsque les personnages qui le composent diminuent
dans leurs proportions et se réduisent à l'état de jolis
petits pantins, le plus souvent charmants, coquets,
agréables, rarement grandioses, majestueux, impo-
sants. On peut citer, comme exemples, la toile de
M. Mélingue intitulée : *Messieurs du Tiers avant*

la séance royale du 23 juin 1789; la *Forge c
Louis XVI*, de Fichel; le *Cheval de Troie*, c
Motte; *Messaline insultée par la populace*, de Her
nebicq, etc. Il y a beaucoup de talent répandu dan
ces différentes œuvres, et il n'a pas dû manque
d'amateurs pour les acquérir. Néanmoins la peintur
de genre n'occupera jamais qu'une place très-secon
daire dans les Beaux-Arts. Il est du reste facile d
constater les causes qui la font prédominer de no
jours. A une époque où l'enthousiasme a dispari
pour faire place au métier, la peinture de genre de
mande à l'artiste plus d'esprit que de génie; elle
amuse davantage celui qui s'y consacre; enfin elle
est pour lui d'un meilleur placement: d'où cette
avalanche de petits tableaux anecdotiques, épisodi-
ques, dont s'emparent la photographie et la gravure,
pour en prolonger le souvenir en les multipliant à
l'infini.

Parlons des plus intéressants. Dans sa toile *Les
Carpes de Fontainebleau*, M. Comte se fait toujours
remarquer par une grande élégance; mais que nous
sommes loin du *Henri III et le duc de Guise*, que
possède le Luxembourg, et qui donna à cet artiste
une réputation que ses derniers envois semblent vouloir amoindrir !

Un nouveau venu, M. Maignan, a exposé une
page d'histoire bien trouvée et bien composée. Son
Départ de la flotte normande pour la conquête de

l'*Angleterre* a un certain caractère archaïque qui ne déplaît point. Les types sont très-étudiés et les personnages habilement groupés.

M. Lobrichon, le peintre des enfants, avec son *Bagage de Croquemitaine,* a obtenu comme double résultat d'égayer les mamans et d'effrayer les enfants méchants. Ses figures de bambins sont très-drôles, et l'expression en est suffisamment variée.

Un peintre étranger, M. Cermah, révèle son talent et son habileté de coloriste sous deux formes originales : *Une jeune fille de l'Herzégovine menant des chevaux à l'abreuvoir,* et le *Rendez-vous dans la montagne* (Monténégro). Il y a peut-être quelques parties qui laissent à désirer pour le modelé.

Le *Retour de Rotten-Row,* de Jean-Maxime Claude, nous montre des jeunes filles anglaises qui reviennent à cheval de la promenade, et saluent d'un baiser une de leurs compagnes. Des laquais, également à cheval, se tiennent à distance. Tout cela est fait d'une façon simple, distinguée, britannique, de mœurs paisibles, heureuses, à l'abri des troubles et des agitations de la rue. Deux autres tableaux de cet auteur, *La Conversation* et *La Promenade à Hyde-Parck,* reflètent le même caractère.

La Hongrie était représentée au salon de 1874 par M. Munkacsy. Son *Mont-de-piété* et ses *Rôdeurs de nuit* sont d'une touche énergique et puissante. Mais pourquoi donner à ses ombres un degré de force qui les porte souvent jusqu'au noir ? Que M. Munkacsy se méfie un peu de cette tendance, il a devant lui un exemple qu'il ne faut pas suivre, c'est M. Ribot. Depuis qu'il a adopté sa seconde manière, M. Ribot met du cirage partout. S'il espère fonder sa renommée sur les ruines de l'école espagnole, il a tort. Lorsque les Ribeira et les Velasquez faisaient noir, c'est qu'ils étaient d'un pays où les ombres sont d'autant plus épaisses que le soleil est plus ardent. Ce qui s'expliquait chez les maîtres espagnols par la raison tirée de l'influence des milieux, ne se comprend plus chez M. Ribot. Il y a là un parti pris regrettable, contre lequel nous devons protester de toutes nos forces, et prémunir M. Munkacsy, qui pourrait être tenté de s'y laisser malheureusement entraîner.

Parmi ce que la jeune école compte d'esprits fins et distingués, il faut nommer, en première ligne, M. Billet. Le salon avait de lui deux belles toiles : *Les Fraudeurs de tabac* et *Les Ramasseurs de bois.* Ce sont deux œuvres très-personnelles, la seconde surtout, et qui promettent beaucoup pour l'avenir.

Un autre artiste qui brille aussi par la distinction, c'est M. Feyen-Perrin. Dans son *Retour de la pêche aux huîtres, à Cancale,* on ne peut lui reprocher que d'avoir fait de trop jolies femmes de pêcheurs, et c'est un reproche dont on ne se plaindra assurément pas à Cancale, pas plus qu'on ne s'en plaindrait à Paris. M. Feyen-Perrin a reçu une médaille du

jury, pour son très-beau *Portrait du docteur L...*

Il n'est pas possible d'avoir plus d'esprit que M. Vibert. La *Réprimande* est un tableau charmant. Figurez-vous une jeune fille espagnole que sa mère conduit auprès de M. le curé pour que celui-ci lui fasse des réprimandes. Il s'agit, sans doute, d'un bien gros péché, car le bon abbé, qui vient à peine de terminer un copieux repas, paraît fort embarrassé. Quant à la belle Andalouse, elle vous a un air de résignation qui semble dire : « Quand tout cela sera-t-il fini? » Voilà une peinture parfaite comme exécution et très-agréable à regarder. Ce sont de ces toiles qu'on devrait mettre dans le salon d'attente d'un dentiste, pour faire patienter le client et peut-être lui permettre d'oublier son mal. Le *Moine cueillant des radis*, et le *Portrait de l'acteur Coquelin* dans le rôle de Mascarille, sont également pleins d'attrait et de gaieté.

Le *Prétendu*, de M. Berne-Bellecour, n'est que la reproduction d'un vieux cliché. Une jeune fille et son fiancé, capitaine aux gardes-françaises, qui a sans doute fait la campagne d'Amérique avec La Fayette et Rochambeau, sont assis aux deux extrémités d'un banc de jardin. La jeune fille dévide un écheveau de laine que tient le beau militaire, tout tremblant, comme s'il voyait le feu pour la première fois, et les parents contemplent avec attendrissement cette scène, qui leur rappelle leur jeunesse, ce printemps de la vie.

Les plus minces détails sont traités ici avec élégance et finesse; mais M. Berne-Bellecour aurait dû choisir un motif moins usé.

M. Bonvin est toujours un excellent coloriste. L'*École des Frères*, l'*Écureuse*, et le *Portrait de Mlle L. de K...* dénotent un artiste sérieux, ennemi de tout tapage extérieur et faisant de la peinture par conviction, qualité fort rare aujourd'hui.

Quel homme étrange que ce M. Alma Tadéma! Son exposition de 1873 se compose de deux excentricités. La *Dixième plaie d'Égypte, Mort des premiers nés*, et le sujet indiqué dans le catalogue sous la rubrique : *Sculpture, portraits commandés*, sentent la boutique de bric-à-brac. Il y a, je veux bien le croire, des difficultés de couleur vaincues, mais c'est d'un effet trop cherché et le plus souvent manqué. Toutes les études ethnographiques auxquelles a pu se livrer M. Alma Tadéma ne me feront pas trouver bien ce qui est si disgracieux, et j'avoue qu'à la place des deux titres que l'artiste a donnés à ses tableaux, j'y aurais mis simplement celui-ci, qui résume bien ma pensée : *Beaucoup de bruit pour rien.*

Combien je préfère, également tirée des mœurs romaines comme la toile *Sculpture, portraits commandés*, la *Vestale Tuccia*, de M. Leroux. « Puissante divinité, dit Tuccia, si j'ai approché de tes autels avec des mains pures, accorde-moi de remplir ce crible de l'eau du Tibre, et de la porter jusque dans ton temple! » La Vestale est debout, sur les bords du Tibre, dont les ondes jaunâtres viennent presque lui baigner les pieds. Elle élève avec un geste plein de noblesse le crible au-dessus de sa tête, et jette vers le ciel des regards inspirés. D'autres Vestales descendent les degrés du temple et s'approchent pour assister au miracle. Sur la rive opposée du fleuve, le peuple contemple Tuccia avec respect. Il faut reconnaître ici beaucoup de poésie dans les attitudes, dans le groupement des personnages et jusque dans cette teinte pâle d'une mélancolie si profonde. M. Leroux s'est montré un autre Pétrarque, un contemplatif qui suit son rêve et ne se lasse pas de l'exprimer.

Pour compléter à peu près la liste des meilleures productions comme tableaux de genre, à part la *Falaise*, de M. Jules Breton, qui demande une plus grande attention, il reste à citer : *Adam et Ève,* sujet vieillot, rabâché, que M. Compte-Calix a cherché à rajeunir en représentant Adam sous la forme d'un jeune paysan à cheval, et ayant derrière lui Ève. Debout sur la croupe du cheval, la première femme est en train d'arracher la pomme fatale à un des arbres qui bordent le chemin. C'est agréablement peint, voilà tout.

Citons encore des petites toiles de Toulmouche, le peintre de la moire antique, fades et ennuyeuses; *Dans les blés* et *Fait-il froid,* de Nittis, très-coquets et très-piquants; des épisodes de la *Vie algérienne,*

de M. Fromentin, qui marche toujours à la tête de
la caravane des orientalistes, mais qu'on finira par
abandonner dans le désert; la *Plage de Scheve-
ningue,* de Kœmmerer, fatiguant la vue par l'abus
d'un blanc qui recouvre tout le tableau d'une teinte
crayeuse; la *Voie Appia,* de Bellanger, scène de la
vie romaine, fort peu authentique. Enfin, en dehors
de *Roméo et Juliette,* de James Bertrand; d'une petite toile assez amusante, de Duverger; de quelques
Épisodes d histoire en miniature, de Gide; du tableau de M. Ducz, *Splendeur et Misère,* médaillé
sans doute pour la moralité qu'il renferme et le bon
sentiment qui a dirigé le peintre; en dehors du *Repos*
et de l'*Amour rebelle,* de Perrault; de la *Rixe au
cabaret* et du *Marché aux fleurs,* de Dansaert, élève
de M Frère, d'Écouen, il ne reste guère de tableaux de genre à examiner. Seule la *Falaise,* de
M. Jules Breton, mérite une plus grande attention.

> Où sont-ils les marins sombrés dans les nuits noires?
> O flots, que vous savez de lugubres histoires!
> Flots profonds, redoutés des mères à genoux!
> Vous vous les racontez en montant les marées,
> Et c'est ce qui vous fait ces voix désespérées
> Que vous avez le soir quand vous venez vers nous!

Ces vers, de Victor Hugo, du véritable Hugo,
celui des premiers jours, me sont revenus à l'esprit
en considérant la *Falaise* de M. J. Breton. Une
paysanne est couchée sur un rocher qui surplombe

la mer, la tête appuyée sur sa main et les yeux fixés sur la ligne extrême de l'horizon. Peut-être rêve-elle, en contemplant l'immensité, ou bien, anxieuse, cherche-t-elle à découvrir au large les petites voile de la barque qui porte ses affections et sa fortune !

La pose est simple et naturelle. On reconnaît bien la femme robuste des côtes de Normandie, dont la carrure massive et vigoureuse nous change un peu de toutes les grâces languissantes et affinées, de tout le frou-frou élégant et mondain de nos jeunes filles qui fréquentent, pendant la belle saison, les plages aristocratiques du Nord. La robe de bure a autant de valeur artistique que ces amas de jupes emplumées et enguirlandées qui étouffes nos dames du monde, et nous devons remercier M. Jules Breton de nous avoir ramené, ne fût-ce que pour un instant, au sentiment de la vraie nature. Seulement, car il y a toujours un seulement, nous lui reprocherons de ne pas être resté dans les proportions d'un tableau de genre, de même que nous avons reproché, en sens inverse, à M. Gérome, d'avoir diminué ses personnages dans la taille, ce qui les diminue aussi dans l'esprit. Le tableau de M. Jules Breton ne comportait pas la grandeur naturelle. Lorsque Raphaël à fait la *Vision d'Ézéchiel*, sujet vaste, compliqué, grandiose, il ne s'est servi que d'une tavola d'un pied carré. Dans ce

petit tableau si fini, si précieux, Raphaël a prouvé
victorieusement que ce n'est point d'après la di-
mension du cadre, mais d'après la mesure du style
qu'il faut juger une œuvre. Poussin aussi a fait de
grandes compositions sur de petites toiles, et il aurait
dû être pris pour exemple par de certains peintres
de nos jours qui font sur des toiles de vingt pieds
des tableaux de chevalet à la flamande. Pour apprécier sainement les Gérome, et la *Falaise*, de
Breton, il faudrait donc regarder les uns avec le
côté grossissant de la lorgnette, l'autre avec le côté
diminuant. De cette façon, on rectifierait l'erreur de
certains de nos peintres, et on pourrait se livrer
alors tout entier à l'admiration des beautés que
renferment leurs œuvres.

Après M. Jules Breton, il n'y a plus qu'à tirer
l'échelle, et passer de la peinture de genre aux
portraits. Nous ne serions ni sincère ni équitable
si nous ne reconnaissions qu'il y a, au salon de 1874,
beaucoup d'excellents portraits et d'une ressemblance parfaite. De nouveaux artistes se sont révélés,
et il convient de les signaler, à côté des anciens,
à l'attention du public, le grand juge en dernier
ressort.

Le portrait de vieillard, plein de naturel et d'accent, exposé par M. Bastien-Lepage, et intitulé *Mon
Grand-Père*, est d'une réalité tellement frappante
qu'elle vous saisit et, bon gré, mal gré, vous ar-

rête au passage. On reste là pensif, occupé à regarder cette bonne figure de vieux. Assis sur son banc de jardin, les jambes croisées, la tabatière à la main, un mouchoir à carreaux étalé sur ses genoux, le grand-père semble prêt à parler, et l'on attend qu'il vous raconte les histoires du temps passé.

M. Cot, l'auteur du *Printemps*, le grand succès de 1873, est resté, depuis, dans le domaine exclusif des portraits. Il y avait de lui, au salon de 1874, une jeune femme blonde comme les blés, en robe de velours noir, couverte de dentelles de même couleur, dont les beaux yeux bleus avaient la grâce caressante et vague de l'abandon rêveur.

> Jamais deux yeux plus doux n'ont du ciel le plus pur
> Sondé la profondeur et réfléchi l'azur.

Autre jeune fille, par M. Pérignon. Celle-ci est brune, mais encore plus jolie, si c'est possible, que la blonde charmante de M. Cot. M. Pérignon nous donne la mesure de ce que peut l'inspiration. Tandis que le *Portrait de Mlle Schneider*, dans le costume de la Grande-Duchesse de Gérolstein, a tout au plus les qualités des enluminures qui sortent de l'imagerie d'Épinal. Son autre portrait, celui de Mlle B .., tenant à la main une branche de lilas, est ce qu'il y au monde de plus suave et de plus délicieux. Le peintre a-t-il embelli et idéalisé l'original? On m'a affirmé que la jeune Mlle B... était très-ressemblante et pour le moins aussi jolie que l'a représentée M. Pérignon. En vérité, s'il en est ainsi, je m'explique l'engouement pour les Beaux-Arts qui s'empare tout d'un coup de certains jeunes gens : l'espérance de rencontrer un jour quelque adorable modèle doit être, en effet, un précieux stimulant!

Il faut avoir vu encore la jolie petite fille nommée Marthe, de M. J.-Paul Laurens, l'auteur de *Saint Bruno*, dont nous avons parlé. C'est une très-fine étude de la chair enfantine et moelleuse qui a toute la grâce et toute la délicatesse d'une fleur.

Que dire des deux portraits exposés par M. Cabanel? J'ai beaucoup critiqué son *Saint Jean-Baptiste;* malgré de grands défauts, je préfère largement la *Duchesse de Luynes et ses enfants,* surtout la ravissante petite fille qui, assise aux pieds de sa mère, vous regarde avec de beaux yeux riants, épanouis, pleins d'une naïveté charmante. La duchesse me pardonnera, mais je trouve qu'elle a un peu trop l'air de poser, et les mille détails, bustes, meubles, tapisseries, qui encombrent le salon où elle est majestueusement assise, sur une sorte de trône, doivent la gêner beaucoup, et ne sont pas pour peu de chose dans cette tournure compassée qui la faisait assurément souffrir presque autant que le public.

Quant à la *Comtesse Welles de Lavalette,* du même auteur, elle est d'une ressemblance parfaite.

Il est malheureusement très-regrettable que M. Cabanel se mette à délayer ses couleurs, sous prétexte de fondre les teintes. Il en résulte que les blancs, trop gras, trop fondants, glissent sur les noirs, les bleus sur les verts, etc., et enlèvent ainsi à sa peinture toute fermeté, toute franchise, pour ne lui donner qu'un aspect liquoreux et coulant qui écœure.

M. Delaunay, assez faible dans le *David tuant Goliath*, se relève par deux beaux portraits : le portrait de M. G... B..., qui est un morceau singulièrement vivant et expressif, et le portrait de M. Legouvé, le célèbre académicien, l'illustre conférencier. Le dessin large et vigoureux du front, les ombres qui enveloppent les paupières, les lignes franches et harmonieuses de la figure, il n'est pas un détail qui ne laisse l'âme humaine transparaître sous le visage. On sent qu'il y a là l'œuvre d'un peintre d'une rare puissance, et qui a su s'inspirer d'Holbein.

Mlle Marie-Anne et *Mme de Pourtalès* sont deux petits chefs-d'œuvre de M. Carolus Duran. Le portrait de sa fille, surtout, est remarquable à tous les points de vue. On ne peut se lasser de l'admirer, et on a raison, car cette belle peinture place hardiment son auteur au rang des premiers artistes contemporains.

Il est un dernier portrait dont je n'ose point parler, parce qu'il pourrait m'entraîner à des dissertations politiques tout à fait hors de saison ici. Il s'agit du portrait du Prince impérial, de M. Lefebvre. Je suis de ceux qui croient que les Beaux-Arts doivent occuper une région élevée et sereine, à l'abri de toutes les agitations de la vie publique, et c'est pour cela que j'en regarde l'étude comme pouvant être un grand enseignement toujours, une consolation quelquefois.

Depuis Paul Potter, le bétail est à la mode. Le mouton surtout, par certains côtés si intéressant, passionne beaucoup d'artistes de goût qui en ont fait leur sujet de prédilection. Mais dans les troupeaux de moutons à l'huile que renferme l'exposition de 1874, aucun n'approche, pour le degré de la ressemblance, des bêtes de M. Schenck. *Fleurs de bruyères* et *Flocons de neige,* tels sont les intitulés extrêmement poétiques de ses deux tableaux, représentant, l'un, le berger assis sur le flanc rocailleux d'une montagne d'Auvergne, tandis que son troupeau se livre paisiblement au plaisir de la pâture ; l'autre, le même berger, avec le même troupeau, surpris par la neige qui tombe abondamment. Savez-vous qu'ils sont fort jolis, ces moutons, et que leur vue serait capable de conserver la vie à un mourant ! Mais considérez jusqu'à quel point les hommes sont ingrats ! Je suis en présence des spécimens les plus proprets, les plus plantureux, les plus appétissants de la gent moutonnière ; malgré cela, il me manque

quelque chose. — Eh! quoi donc, homme difficile ?
Une petite bergère, avec des souliers de satin rose.
Voilà qui ne serait peut-être pas bien d'accord avec
la réalité, mais ça serait si gentil !

Il existe, non loin du cottage bien connu de Mont-
morency, un gracieux village, diminutif artistique
de Barbizon, et qu'on appelle Écouen. Il s'y est établi une colonie de peintres, dont quelques-uns sont
déjà parvenus à la célébrité, tandis que les autres
sont en train de la conquérir.

M. Schenck est un des membres de cette colonie,
qui, je le constate avec regret, s'est montrée bien pa-
resseuse depuis quelque temps. Si j'excepte MM. Duverger, Schenck et Dansaert, Écouen n'a pas fait
preuve de fécondité. M. Duverger a exposé un délicieux tableau de genre : *Quand les chats n'y sont
pas, les souris dansent.* C'est une classe de petites
filles qui s'amusent comme des gamines, pendant
que la maîtresse d'école est sortie. Je reconnais,
pour les avoir vus dans la rue, beaucoup de ces
minois futés, éveillés, qui conviennent si bien au
rôle que leur a fait jouer un des artistes les plus aimables et les plus humoristiques de nos jours. Il
est facile de reconnaître les œuvres de M. Duverger, car il y a dans toutes un grain de philosophie
qui en augmente le charme, et qui réveille l'attention.

La *Rixe au cabaret* et le *Marché aux fleurs,* de

M. Dansaert, sont peints dans la manière flamande. La *Rixe au cabaret,* surtout, est pleine de mouvement, de vie, d'animation, et il s'en dégage une impression de franchise et de sincérité faisant bien augurer du talent de cet artiste, qui commence à s'affirmer.

Mais qu'est devenu le grand maître de la colonie d'Écouen, Couture, l'immortel génie, l'auteur de ce glorieux chef-d'œuvre qui nous représente, dans toute sa terrible vérité, la décadence romaine? Pourquoi le grand Couture, semblable à Timon d'Athènes, s'enferme-t-il dans un isolement si douloureux pour ses admirateurs et ses amis? Pourquoi aussi tant d'autres sont-ils restés muets? Il faut absolument qu'Écouen se réveille de son engourdissement partiel. La colonie a des éléments de production qui ne doivent plus demeurer stériles.

Je ne m'appesantirai pas sur les peintres de nature morte: les Desgoffe, les Philippe Rousseau, les Vollon. Chaudrons ou saladiers, si merveilleux qu'ils puissent être comme exécution, et c'est le cas aujourd'hui, aucun d'eux ne saurait me causer jamais qu'une émotion bien relative. Voyez-vous d'ici une exposition qui ne serait remplie que de tableaux figurant des carottes, des navets, des pommes de terre, des casseroles, des soupières et des marmites, des sardines, des homards et du jambon? Cela ressemblerait à une succursale des Halles centrales.

Dût-on m'accuser d'injustice, je déclare que le *Chaudron,* de M. Vollon, avec tous ses accessoires, ne sera véritablement bien à sa place qu'à la devanture d'une fruitière ou d'un marchand de comestibles !

Mais alors, peut-on me dire, si vous n'aimez pas le talent partout où il se trouve, qu'aimez-vous ? Hélas ! j'aime bien des choses ! J'aime la gaieté, l'entrain ; j'aime la France avec tous ses défauts ; j'aime les impôts, pourvu qu'ils ne soient pas trop lourds et que je n'en supporte pas beaucoup pour ma part ; j'aime la température quand elle n'est ni trop pluvieuse, ni trop chaude ; j'aime bien d'autres choses encore, mais, par-dessus tout peut-être, j'aime la belle, la grande nature, joie des âmes naïves, consolation des cœurs attristés. Il disait vrai, le bonhomme La Fontaine, quand il s'écriait :

> Solitude où je goûte une douceur secrète,
> Lieux que j'aimai toujours, ne pourrai-je jamais
> Loin du monde et du bruit goûter l'ombre et le frais !

Un jour vient en effet où, lassé des bruits de la ville, l'homme veut jouir dans toute son étendue du bonheur de la campagne. Aussi les peintres de paysage qui se rappellent les simples et profonds spectacles de la nature trouvent-ils un puissant écho dans les aspirations intimes du cœur humain. Et les Vollons, par exemple, n'auront plus qu'un simple

intérêt de curiosité, quand on se passionnera encore
pour la peinture spiritualiste d'un Corot.

Longtemps méconnu, le paysagiste Corot a été,
bien tard cependant, apprécié à sa juste valeur par
ses contemporains. C'est qu'il était de ces génies difficiles à pénétrer, surtout pour une époque blasée
comme la nôtre. Il faut avoir l'esprit naturellement
disposé à la rêverie, le cœur encore imbu de cet enthousiasme que donne la jeunesse et qu'enlève l'âge
mûr, pour saisir tout le parfum de mélancolie qui
se dégage des œuvres de ce grand artiste.

La note langoureuse domine dans le *Clair de
lune*. Les ombres épaisses de la nuit enveloppent les
deux bouquets d'arbres qui longent la rivière en-
dormie, et la lune, émergeant à peine du nuage où
elle s'était amoureusement voilée, répand sa pâle lumière sur les ondes nacrées. Je doute qu'on pousse
jamais plus loin le sentiment poétique, et je suis de
ceux qui croient que la nature a une âme dont le
poëte et l'artiste ont pour mission de nous révéler
les secrets.

Le *Soir*. — Qui pourrait décrire ce qu'il y a dans
cette toile de pensées vagues et mystérieuses? J'avoue
mon impuissance et je la déplore, mais où trouver
des termes capables d'exprimer les sensations pures
et délicieuses qui vous envahissent tout entier? Comment rendre ce qui n'est que rêverie? Et, pourtant,
est-il un motif plus simple que celui qui a inspiré

Corot? Une rivière, dont les eaux frissonnent à peine sous les baisers discrets de la brise, se laisse glisser capricieusement au milieu d'une double rangée de saules et d'oseraies. Un homme coiffé d'un bonnet rouge conduit une barque et produit, uniquement par son relief, toute la perspective du tableau. Rien de plus, rien de moins, et c'est tout simplement un chef-d'œuvre.

Enfin, le dernier tableau, au salon de 1873, *Souvenir d'Arleux du Nord*, est un paysage en plein jour. La masse des rayons ardents traversent les arbres ; une chaude évaporation lumineuse enveloppe, comme d'un voile blanc de femme, les prairies piquées de fleurettes : la nature est en éveil ; elle étale de tous côtés sa joie et ses richesses. Et le pauvre vieux Corot a, toute sa vie, attendu la médaille d'honneur, et la médaille d'honneur n'est point venue ! Pourquoi ? Que de réflexions à faire sur ce sujet !

Si le beau est la splendeur du vrai, comme a dit Platon, il est peu de choses plus belles que le *Champ de Coquelicots*, de Daubigny. La vigueur des teintes rouges du premier plan va s'amoindrissant jusqu'à l'horizon bleuâtre. De loin en loin, dans le crépuscule, des moissonneuses marquent leur tache. Une lumière tendre et presque éteinte couvre d'un réseau de vapeur ardente les blés endormis. Ce spectacle, il est vrai, n'a rien d'imposant ni de grandiose ; mais comme on doit vivre heureux dans cette paisible campagne, et combien sont purs les plaisirs qu'on y doit goûter !

M. Daubigny fils a aussi exposé des paysages pleins de verve et de fraîcheur, et on ne peut que lui souhaiter de persévérer dans cette bonne voie.

L'exposition de M. Émile Breton était également fort intéressante. Il y avait surtout *Une rue de village cachée sous la neige,* d'un effet saisissant, et dont la vue, comme celle de la mort, laissait dans l'âme une vive et douloureuse impression.

Le *Cimetière,* de M. Daliphard, avec ses pommiers en fleur, est l'œuvre d'un artiste qui aime à chercher les oppositions, mais n'en rencontre pas toujours qui satisfassent ou qui plaisent. Cette fois-ci, M. Daliphard a complétement réussi, et sa toile est fort habilement conçue et aussi habilement exécutée.

Sculpture et Architecture.

Quand on a eu le loisir de voir l'Italie, et plus particulièrement Florence ; quand on a ressenti les joies artistiques que donne la vue de la Loggia, où se trouvent réunies les suprêmes beautés de la statuaire de la Renaissance, on devient extrêmement difficile pour la sculpture contemporaine, et l'on ne peut se défendre d'un sentiment de comparaison assez défavorable au présent. Qu'y a-t-il, en effet, qui surpasse le fameux *Persée,* en bronze, de ce Benvenuto Cellini, qui sut prouver, en cette occasion, que le plus habile des orfèvres pouvait devenir, à son heure, un des grands statuaires de l'Italie? Où trouver un groupe plus hardi d'imagination, de mouvement, que l'*Enlèvement de la Sabine,* de Jean Bologne? Qu'y a-t-il de plus adorablement joli que la *Vénus de Médicis,* au palais des Offices, et où rencontrer parmi les œuvres de notre époque quelque chose qui vaille cette gracieuse création du ciseau grec, pour laquelle seule on devrait faire le voyage de Florence, comme on allait jadis au temple de Gnide, pour y admirer la *Vénus de Praxitèle?* Et le *Rémouleur?* Et le *Faune dansant,* dont la tête et les bras sont de Michel-Ange! Et tant d'autres merveilles dont les auteurs sont, hélas! inconnus.

En vérité, ce n'est qu'en faisant un vigoureux effort sur soi-même, et en se dégageant, autant que possible, des souvenirs et des impressions du passé, qu'on peut juger avec impartialité les œuvres de nos sculpteurs d'aujourd'hui.

J'ai déjà parlé incidemment d'un groupe d'une forme magistrale, le *Gloria victis,* de M. Mercié, et le bien que j'ai pu en dire, je suis loin de le regretter. On ne saurait trop louer, en effet, la conception grandiose et touchante d'actualité de cette œuvre éminemment patriotique.

Gloria victis! c'est le renversement de la formule haineuse et barbare: *Væ victis!* Une défaite, quand elle n'est que la conséquence de la faiblesse matérielle, quand elle laisse l'honneur sauf, a certes aussi sa grandeur et son auréole de gloire.

Gloria victis! c'est la devise de ceux qui ont su faire simplement leur devoir, et qui, dégagés de toute pensée d'égoïsme ou de conservation personnelle, sacrifiant leurs affections, leurs préférences sur l'autel de la patrie, n'ont eu qu'un but: défendre leur pays, et ont courageusement versé leur sang pour lui.

Gloria victis! c'est ici une femme, la Gloire enlevant dans ses bras un soldat vaincu, et l'emportant, d'un vol audacieux, au-dessus des misères de ce monde, dans les régions divines de l'immortalité. La pose élancée de la Gloire est superbe à la fois de force et de grâce. Les lignes, légèrement courbées, qui dessinent le corps renversé en arrière du jeune vaincu, sont d'une pureté de style presque antique; enfin la composition entière révèle un grand caractère de fierté, de noblesse, qui en rehausse encore la puissante originalité.

L'œuvre la plus remarquable, après le *Gloria victis!* de M. Mercié, est assurément le *Narcisse,* de M. Paul Dubois: charmante statue, dont la beauté

un peu féminine n'a cependant rien de cette mi-
gnardise de la forme qu'on reprochait tant au Bernin. Elle est, au contraire, d'un caractère très-pur,
et on y sent le souffle intérieur, la poésie de l'inspiration. Debout, au bord du ruisseau où se reflète
son image, le jeune Olympien rejette avec gravité
les draperies qui l'enveloppent, et ses yeux semblent
prendre plaisir à contempler la beauté harmonieuse
des formes de son corps. La facture de cette œuvre
dénote un sentiment artistique très-développé, et
l'on devine qu'il y a chez M. P. Dubois l'étoffe d'un
grand maître.

L'architecture contemporaine a trouvé son type le
plus achevé dans une œuvre charmante, dont les
plans exposés au salon de 1874 ont valu à leur auteur une médaille du jury. C'est bien la plus ravissante chose qui se puisse construire, la plus originale, la plus conforme aux idées actuelles, la meilleure image enfin de cet esprit français, rempli à la
fois de tant de sérieuses qualités et de si aimables
défauts.

L'œuvre date de 1872. Il y avait alors (je commence comme dans les contes de fées, mais mon
exorde se trouve justifié par les choses très-extraor-
dinaires que je vais dire), il y avait à Paris, près de
la porte Saint-Martin, en juillet 1872, un terrain nu
d'une surface de cinq cent seize mètres, qui avait
autrefois porté un restaurant, brûlé depuis par la

Commune. Un jeune architecte, M. de Lalande, avec une hardiesse qui frisait l'imprudence, quand on songe à la stagnation complète où étaient alors les affaires, acheta le terrain, et résolut d'y construire un théâtre. C'est ici que commence le tour de force. En huit mois et sur une toute petite surface, en forme de fichu, notre nouveau Gusman, agitant, sans doute, quelque baguette magique, fit surgir de terre le délicieux théâtre, si spirituellement appelé, après les incendies de la Commune, la Renaissance, et trouva moyen d'y installer mille places, vingt loges d'artistes et toute sorte de dépendances. Les gens du métier vous diront encore qu'il était extrêmement difficile de découvrir, dans un espace relativement restreint, la place d'un très-beau vestibule en rotonde, avec un escalier à double révolution, et d'un foyer pour le public, tout à fait galant et coquet. Eh bien, la difficulté a été résolue. Comment? N'étant qu'un profane, je ne saurais l'expliquer. Je ne puis d'ailleurs qu'admirer sans réserve la décoration intérieure et extérieure, dans le style Louis XVI, les ornementations placées sur les galeries et rehaussées d'or, sur fond blanc, avec filets verts et roses d'un très-heureux aspect. Quoi de plus riche, et de plus élégant que les six colonnes d'ordre corinthien qui supportent toute la construction? Les frises, les corniches, sont d'une grande finesse de détails, et la feuille d'acanthe se développe gracieusement jusqu'à

l'entablement qui termine fièrement les larges chapiteaux.

Les galeries intérieures s'enlèvent légèrement
sans le secours de ces colonnes en fonte qui alour-
dissent toujours l'ensemble, et gênent la vue des
spectateurs. Les avant-scènes sont peut-être un peu
monumentales pour les proportions moyennes du
théâtre. Le rideau est un petit chef-d'œuvre, et
M. Carrier Belleuse a sculpté des cariatides d'un
goût très-délicat.

En résumé, la Renaissance est essentiellement
française comme physionomie générale : l'auteur n'a
pas servilement copié les modèles qu'il avait sous
la main, il a fait une œuvre toute personnelle, qui
a apparu un beau jour, comme le bouquet d'un feu
d'artifice, avec le même entrain, le même brio, le
même esprit. Tout le Paris intelligent a applaudi à
cette création et je ne fais que suivre l'exemple
donné par tant d'autres, en disant à mon tour à
M. de Lalande : Bravo !

Salon de 1875.

Les salons ne sont pas comme les jours, ils se
suivent et se ressemblent. Cette année encore, point

de Raphaël, ni de Vinci, ni de Michel-Ange, et, en vérité, cela ne nous étonne guère, notre époque brillant plutôt par la quantité que par la qualité, mais une pléiade d'heureuses médiocrités, relevées par infiniment d'habileté, de souplesse, d'intention.

En matière de beaux-arts, comme en matière criminelle, il faut compter pour beaucoup l'intention. Le fait ne vaut, comme crime ou comme œuvre d'art, que s'il est la résultante d'une pensée. L'intention, la bonne volonté, c'est un sentiment qui honore la nature humaine en général, et nos artistes en particulier. Nous connaissons bien tel peintre que la puissance du procédé dispense d'avoir des idées. Devant celui-là, nous nous inclinons, pleins de respect pour son talent manuel, mais c'est tout. Tel autre, au contraire, qui n'a su qu'imparfaitement broyer ses couleurs, qui ne connaît pas encore tout le parti qu'on peut tirer des contrastes en peinture, et qui noie dans un ton presque uniforme les diverses parties de son tableau, nous arrête et nous séduit pourtant davantage. Pourquoi? C'est que nous croyons avoir découvert en lui une idée encore fruste, sauvage, incomplète, rudimentaire, mais qui, avec un peu plus de travail et d'efforts, pourra devenir une œuvre accomplie de l'intelligence, une expression profonde du beau. A cet artiste-là, nous crions : courage! nous le soutenons dans ses débuts et nous l'exhortons de notre plume à cultiver les dispositions naturelles et vivaces qu'il nous a semblé deviner et sentir en lui.

Dieu nous garde cependant de pousser notre recherche de l'idée jusqu'à supprimer la couleur, le dessin, et préférer, comme Tœpffer, l'originalité de petits bonshommes crayonnés sur un mur par quelque malin enfant au faire délicat et habile de certains maîtres de l'école actuelle. Pour être juste et impartial, nous rendrons à chacun sa part. Aux uns, les maîtres, la patience, le soin, le fini, l'exécution parfaite, poussée même à un point qui défie tout progrès; aux autres, du mauvais goût, des inégalités, des faiblesses, soit; mais, au milieu de tous ces défauts inhérents à la jeunesse de leur art, quelquefois l'étincelle intérieure qui éclate, la flamme ardente qui brûle, l'enthousiasme qui saisit à la vue des belles choses, des grandes scènes émouvantes, la faculté créatrice qui enfante une physionomie, un geste, un ensemble original et personnel, ce je ne sais quoi enfin, révélateur du génie, qui donne l'élan du cœur et vous fait pousser le cri du Corrége : « Et moi aussi, je suis peintre ! »

L'œuvre du critique est de ne négliger personne : sa tâche est assurément bien difficile et bien ingrate. Il lui faut la double vue de Janus pour embrasser d'un même regard ceux qui arrivent et ceux qui sont arrivés. Que dans ses appréciations surtout il n'aille point perdre son sang-froid et s'abandonner,

sous l'impression du moment, à toutes les extrava-
gances d'une admiration sincère, car alors on le
regarderait comme un esprit naïf, enfantin, et le
peuple parisien, si plein d'urbanité, de sel attique et
parfois même de gros sel, le traiterait de paysan, de
rural, qui revient de sa province, qui ne sait rien,
qui n'a rien vu. Est-il au contraire d'une grande
sévérité dans ses jugements, quelque peu enclin au
découragement et au scepticisme, immédiatement
on le trouve ennuyeux et morose, et le lecteur, fatigué, se détourne de lui. Que faire ? La curiosité du
public a besoin qu'on l'émousse. Comme on n'a plus
le temps de penser par soi-même, on cherche dans
son journal des idées toutes faites ; on demande au
critique des aperçus nouveaux sur des sujets qui ne
le sont plus, des réflexions ingénieuses et fines sur
des choses qui n'en révèlent ou n'en inspirent souvent aucune. Et si le fournisseur breveté de l'esprit
des autres reste au-dessous du programme que lui
trace l'exigence du bourgeois de Paris, on crie à la
trahison, au mensonge, on déclare qu'il n'entend
rien aux questions d'art, et chacun de se dire avec
un air moqueur :

> Le critique n'est pas ce qu'un vain peuple pense,
> Notre crédulité fait toute sa science.

Mais qu'importe, malgré les nombreuses attaques
dirigées contre elle, la critique n'en conservera pas

moins son rôle de redressement, d'encouragement.
Seule dépositaire du bon goût, rien ne saurait l'empêcher d'exister conjointement avec l'ouverture du
salon et de conserver son indépendance vis-à-vis
du pouvoir, dont elle est le puissant et utile contrôle.

On l'a dit sur tous les tons : ce n'est pas l'esprit
qui manque aux Français, c'est quelquefois le naturel, la simplicité, le bon sens. De l'esprit ! Mais il y
en a à revendre, et à revendre même très-cher, si
l'on consulte les prix exorbitants qu'atteignent, à
la salle Drouot, les petits tableaux de chevalet fabriqués par la plupart de nos peintres d'aujourd'hui.
Que recherchons-nous d'ailleurs avant tout? Les
qualités prime-sautières, la délicatesse, l'élégance,
la coquetterie, le fini. Nous savons goûter le talent,
mais ne comprenons pas toujours le génie. Nous préférons Chamfort à Pascal, Voltaire à Bossuet. Nous
nous extasions devant les *Trois Grâces,* la *Phrynée*
toute moderne de Pradier, de cet habile sculpteur
qui partait, disait-on, tous les matins pour Athènes,
et n'arrivait le soir qu'à Bréda ; et c'est la raison,
bien plus que le sentiment, qui nous pousse à admirer la statue de *Milon de Crotone,* due au ciseau
vigoureux du Puget. Les délicieux motifs de valse
dont Johann Strauss a parsemé son opérette de la
Reine Indigo, charment cent fois plus nos oreilles
que la musique puissante de la *Juive,* pleine du

souffle inspirateur d'Halévy. Nos yeux, enfin, se portent avec plus de plaisir sur une *Bergerie* de Boucher, de Watteau, un sujet mythologique et mondain de Fragonard, que sur un *Saint Bruno,* de Lesueur, ou le *Déluge,* du Poussin.

Il ne faut donc plus s'étonner si la tendance à l'esprit est le trait caractéristique de la peinture contemporaine. C'est le public des amateurs qui forme ou déforme le goût des artistes, comme c'est l'homme qui fait la femme ce qu'elle est. Ce sont les jugements en dernier ressort des Américains et des marchands de tableaux, c'est la sanction de leurs gros sacs d'écus qui impriment à l'art une direction déterminée, et changent de place cet objectif qu'on appelle le succès.

Comme il ne nous servirait guère de joindre nos lamentations sur la décadence de la grande peinture à celles de plusieurs de nos confrères, soyons de notre siècle, et, étant admis le genre dit de la peinture spirituelle, fille légitime de l'illustration et de la vignette, usurpatrice parfois du domaine de la littérature, voyons ceux qui se rapprochent le plus de cette perfection relative, et étudions leurs œuvres à ce point de vue.

On nous pardonnera néanmoins si, rencontrant sur notre passage quelques pauvres diables assez hardis, assez imprudents encore pour ne point sacrifier au goût du jour, pour s'enfermer dans leur culte souvent à peine ébauché, mais au moins sincère, du vrai beau, et se draper majestueusement dans leur abnégation et leur courage, comme un gueux castillan dans son manteau troué, on nous pardonnera, et peut-être même nous imitera-t-on, si nous nous apitoyons sur le sort de ce malheureux que la foule dédaigne, et si nous lui tendons la main.

Voulez-vous d'abord des types très-réussis de la peinture à la mode ? première qualité, prix élevé, très-demandée. Voici trois Bouguereau d'une justesse merveilleuse d'exécution. Quoi de plus joli que *La Vierge, l'Enfant Jésus et saint Jean-Baptiste !* Comme cela flatte l'œil ! Cette vierge est une adorable créole, et les deux enfants qui se jouent sur ses genoux, en se donnant le baiser mystique, sont gentils à croquer : ce sont de vrais chérubins. En vérité, s'il y a des gens qui se plaignent encore des austérités de la religion, qui rêvent de l'enfer et des tourments éternels, qu'on les mène au plus vite devant la *Sainte Famille* de M. Bouguereau. Ils chasseront bientôt de leur âme les tristes pensées qui l'assiégent et ne songeront plus désormais qu'à la béatitude, aux félicités... terrestres, en attendant les autres. Le seul dogme qui se dégage de cette toile, si agréable dans sa teinte de cire molle, c'est le dogme de la mondanité. Mais s'il se rencontre des croyants que les grands principes de la religion ne

laissent point froids et insensibles, pour qui les
révélations de la foi ne sont pas des lettres mortes,
qui cherchent jusque sous l'image de la vierge la
pensée divine qui faisait rayonner le front de la mère
du Crucifié, ah ! ceux-là, qu'ils s'éloignent aussi vite
que les autres sont venus, qu'ils retournent à Raphaël,
au Corrége ; ils ne trouveront rien ici qui puisse les
leur faire oublier.

La seconde toile de M. Bouguereau, *Flore et
Zéphire,* a du moins ce mérite de ne point viser au
style religieux. Ici le peintre est bien plus maître
de son pinceau ; il se sent chez lui, ne force pas la
note, ne cherche pas à dépasser les limites de son
domaine : la grâce. Ce n'est un secret pour personne
qu'un certain vent de printemps, le zéphyr pour
les poëtes, le fœn pour les naturalistes, en caressant
de son souffle fécondant la terre et les plantes, fait
germer les moissons et s'épanouir les fleurs. Zéphyr,
c'est le bien-aimé qu'attend, au sortir des frimas de
l'hiver, la nature engourdie, pour chanter ensemble
l'hymne de la jeunesse et du renouveau. Ce duo d'a-
mour est aussi ancien que le monde, et l'on ne se lasse
point de l'entendre et de le regarder. C'est si bon la
jeunesse ! Il est bien évident que, dans le rendez-vous
que leur permet le peintre, Zéphire et Flore n'ont rien
de mieux à faire que de s'embrasser, et ils s'en acquittent d'ailleurs fort bien. Le sujet est traité avec une
délicatesse un peu précieuse. C'est une imitation de

la *Psyché recevant le premier baiser de l'Amour*, de Gérard, mais plus contournée, affadie, édulcorée, presque sucre d'orge.

La *Baigneuse*, du même auteur, est une de nos élégantes habituées des bains de mer. Je l'ai vue à Trouville, non avec le costume dans lequel elle se présente, c'est-à-dire sans costume ; les simples touristes n'ont pas, Dieu merci, les priviléges des peintres. Je l'ai vue avec de grandes boucles tombantes, une fine taille, amincie par l'usage ou l'abus du corset, comme vous voudrez, prise dans une ceinture d'une douceur de nuance infinie, avec des gerbes de feuillage jetées çà et là sur un nid moelleux de dentelles ; je l'ai vue quittant la plage, après l'apaisement des lueurs embrasées du soir, quand le premier coup d'archet annonçait la valse entraînante ; je l'ai vue dans les grands salons bourrés de monde, se glisser comme une petite panthère à travers le flot pressé de ses adorateurs. C'est toujours la même femme ironique et dangereuse. Mais, cette fois, le peintre l'a brutalement déshabillée. Eh bien, avec ce regard qui rappelle la race féline, nue comme Ève à son premier péché, elle trouve encore moyen d'être à l'aise, et la grâce ne l'abandonne point. Elle est là de trois quarts, se prenant le pied, et, dans cette attitude que rien n'autorise, elle demeure agaçante et piquante.

Ces trois tableaux, malgré la variété des sujets, ont

un grand point de ressemblance : ils sentent la manière, le convenu. Rien n'est vrai, pas même le coloris
mélange de neige et de roses. Mais que de brio dans
l'exécution, que de souplesse dans la touche ! M. Bouguereau est un merveilleux artisan, mais ce n'est pas,
à proprement parler, un artiste. Si une fois, cependant, l'inspiration lui venait, quel chef-d'œuvre
nous aurions !

La *Chloé* de M. Jules Lefebvre est peut-être la plus
réussie des figures nues exposées au salon de cette
année. Sous de verts ombrages, au milieu des fleurs
et des roseaux, elle est là, seule, pensive, rêveuse. La
tête légèrement inclinée vers le feuillage, la jeune
fille écoute si l'air qui gémit dans les bois ne viendra
pas apporter à son oreille le son de voix du berger
Mnazile. Elle s'adresse aux arbres, aux plantes, leur
demande où est son amant. Impatiente, nerveuse,
elle le trouve bien long à venir.

> Ah ! s'il pouvait savoir quel amoureux ennui
> Me rend cher ce bocage où je rêve de lui !

Comme son regard respire la jeunesse, le désir !
Toute tremblante d'émotion, elle n'en est pas moins
prête à se laisser aimer. Que Mnazile paraisse, il
n'aura pas grand'peine à goûter son bonheur. L'œil
suit amoureusement les ondulations virginales de ce
corps charmant d'une enfant de seize ans. Comme
tout ce qui l'entoure semble frais et suave ! Si André

Chénier revenait en ce monde, il ne désavouerait pas l'image de sa Chloé. C'est assurément une des têtes les plus ravissantes que j'aie rencontrées, d'une naïveté, d'une douceur, d'une tendresse de coloris qui font de M. Lefebvre le vrai peintre de l'*éternel féminin*.

J'aime presque autant son *Rêve d'Ossian*. Cette femme, à peine entrevue au sein des vapeurs rosées du matin, aux traits calmes et limpides, à la pose langoureuse et légère, semble une de ces apparitions diaphanes, comme celles qui hantent souvent le cerveau nuageux des hommes du Nord. Encore un instant, et le rêve se sera évanoui. Le visage déjà devient plus indécis, et les blonds cheveux de la vierge du Morven commencent à s'effacer ; déjà s'épaissit le voile transparent qui enveloppe, sans les altérer, les lignes sinueuses de son beau corps. Ce tableau ne veut être qu'une ébauche, mais c'est poussé très-loin comme exécution. La couleur, un peu empâtée, y est relevée par un dessin d'une extrême pureté.

Enfin, le portrait de Mme la princesse de C..., si plein d'élégance et de distinction, n'est pas inférieur aux deux autres toiles de M. J. Lefebvre. C'est peut-être la réalité du rêve que nous avons eu tout à l'heure.

Un tableau dont on a parlé et dont on parlera beaucoup, parce qu'il émane d'un homme qui cherche souvent l'effet, et rarement le rencontre, c'est la

Couleuvre, de M. Beaulieu. « S'il n'y a que du corps dans ton œuvre, et qu'elle ne parle qu'aux sens, tu n'es qu'un ouvrier sans âme, et n'as d'habile que les mains. » Ces observations, que Joubert adressait aux peintres en général, seraient ici fort à leur place.

Cette couleuvre, c'est la courtisane fardée, avachie, aux chairs molles et flasques, les yeux cerclés de noir, se vautrant sur le tapis usé de quelque hôtel garni. Rien n'intéresse dans cette créature, produite par la fermentation d'une société en décadence. Rien ne rappelle même la malheureuse que plaint le poëte :

> Oh ! n'insultez jamais une femme qui tombe !
> Qui sait sous quel fardeau la pauvre âme succombe !

Il n'y a prise ici pour aucune émotion. Bien loin de ressembler à la Madeleine repentie à qui il sera beaucoup pardonné parce qu'elle a beaucoup aimé, et dont M. Beaulieu a fait le sujet de son second tableau, comme pour s'excuser du premier, la *Couleuvre* qu'il nous étale n'a jamais aimé, c'est « la meule du pressoir de l'abrutissement. » Les amateurs du réalisme grossier n'ont qu'à se réjouir; ils ont trouvé quelqu'un qui les a compris. Mais, en vérité, il faut être bien à court de pensées nobles et généreuses pour en arriver à exposer de semblables types. Triste peinture, à notre avis, aussi décevante que malsaine ! L'idée est mauvaise et l'exécution imparfaite. Les tons de la chair, les draperies vieilles et sa-

ies qui l'enveloppent sont d'une couleur vineuse : la
:ouleur du gros bleu de barrière. Cela porte à la tête
:t fait mal au cœur. L'impression qui m'est restée
le cette peinture se résume dans un profond ennui,
nélé de dégoût.

Regardons, pour nous consoler, les portraits char-
nants de M. Cot : de délicieuses têtes de femmes en-
:adrées dans de magnifiques cheveux blonds. Il nous
aut bien ce spectacle-là pour nous dédommager de
outes les couleuvres que voudraient nous faire avaler
MM. Beaulieu et consorts.

Puisque les maîtres se reposent sur leurs lauriers,
)uisque les Couture, les Fromentin, les Diaz, les
Rosa Bonheur, les Meissonier, les Gustave Moreau
lésertent la lumière, force nous est bien de demander
iux jeunes ce que les vétérans ne donnent plus, et
iotre sévérité vis-à-vis de la nouvelle génération
:ient un peu du désappointement que nous cause
l'ancienne.

Ainsi, nous éprouverions une véritable joie si
l'élève Lehoux, grand prix du salon, cherchait à
mieux justifier les espérances de ses protecteurs ! Une
première observation, qui n'engage en rien le talent
de l'artiste, mais qui rectifie une singularité de son
ugement : M. Lehoux paraît avoir un goût très-
prononcé pour la simplicité, une horreur extrême
pour la recherche, le clinquant et toutes les ficelles
qu'enseigne le procédé, et nous serions les derniers

à l'en blâmer. Mais d'où vient cette préférence mar-
quée pour les cadres en bois noir et mat, dont il entoure ses tableaux? L'usage des cadres dorés, qu'il dédaigne, a, je crois, sa raison d'être. On a remarqué,
en effet, que si l'on plaçait au même point un objet
brillant à côté d'un objet relativement terne, il se formait en quelque sorte sur chaque rétine de l'œil deux
images d'une intensité différente, et que cette diver-
sité, en faisant ressortir davantage l'objet brillant,
donnait la sensation du relief, de l'épaisseur. Les cadres dorés et en saillie ont donc comme but très-
déterminé de faciliter pour l'œil, par rapport à des
figures situées sur le même plan, l'illusion de la distance et des profondeurs. Quel peut bien être maintenant ce gros garçon que M. Lehoux, cette année,
nous a envoyé de Rome en droite ligne, et qui pose
pour le torse comme un hercule de foire? Je consulte
le catalogue, et je lis : *Samson rompt ses liens.* Ah!
si le peintre pouvait imiter son modèle et rompre, lui
aussi, avec les habitudes fâcheuses qu'il a contractées!
M. Lehoux, déjà nommé, a une manie, je me trompe,
il en a plusieurs, mais une plus forte et plus accentuée que les autres : il mêle volontiers de la poussière
à toutes ses couleurs, ce qui leur donne une teinte
terne et crayeuse, très-désagréable à voir. Recon-
naissons, cependant, que son œuvre ne manque pas
de mouvement. Les deux ou trois gaillards, fort bien
taillés ma foi, que Samson vient de précipiter à terre,

ont eu le bon goût d'y prendre des attitudes qui permettent au peintre de nous offrir un nouvel échantillon de ces raccourcis dont il a le secret, et qui pourraient lui faire dire, comme l'acteur Arnal, servant, dans le *Petit Voyage,* le fameux macaroni au gratin: «C'est le triomphe de la maison!» La gloire de M. Lehoux est tout entière en raccourcis!

On en pourrait dire autant de M. G. Doré, avec sa toile immense, la plus grande du salon de 1875: *Dante et Virgile visitant la septième enceinte:*

> E poi mi fu la bolgia manifesta;
> E vidivi entro terribile stipa
> Di serpenti; et di si diversa mena
> Che la memoria il sangue ancor mi scipa.

Au milieu d'un fourmillement de bras, de jambes, de têtes, au sein d'une masse compacte d'hommes, de femmes et de serpents entrelacés, dominant de toute leur hauteur cette marée humaine, Dante et Virgile se détachent en silhouette noire sur un fond gris roux d'une tristesse indéfinissable. On ne peut refuser à M. Gustave Doré un tempérament profondément dramatique, une facture originale et puissante, une grande fougue de composition qui va même parfois jusqu'à la précipitation dans les détails, une certaine étude de l'anatomie et des musculatures. Mais il ne faut rien dire de la couleur; à proprement parler, elle n'existe pas. Enfin, ici, dans

le groupe des personnages du premier plan, il y
avait un redoutable écueil qui n'a pas su être évité.
Il était à craindre, en effet, que cette abondance inu-
sitée de serpents, qui s'enroulent en anneaux lui-
sants autour de spectres blêmes et décharnés, ne don-
nàt à l'Enfer du Dante la regrettable apparence d'un
plat d'anguilles. Et c'est malheureusement ce rapprochement involontaire qui s'offre à l'esprit tout
d'abord; et vous poursuit longtemps après comme
un mauvais rêve. Or, chacun sait que la critique est
aisée, mais peu indulgente, et comme il lui suffit
d'un seul mot pour discréditer la merveilleuse imagination que révèle ce tableau, croyez bien qu'elle
n'y a pas manqué.

C'est la corporation des charcutiers qui doit être
contente de l'exposition de cette année! Deux de nos
meilleurs peintres, MM. Bonvin et Vollon, se sont
épris d'une commune passion pour les grâces char-
nues et délectables de cette excellente bête, le Chris-
tophe Colomb de la truffe, que, sans périphrase, on
nomme *un cochon*.

Avouez que la nature est une source inépuisable
de jouissances artistiques, car enfin *le cochon*, puisqu'il faut l'appeler par son nom, avait su déjà exciter la fibre poétique d'un homme d'esprit, et
M. Charles Monselet l'a chanté dans des vers, qu'aucun gastronome qui se respecte n'a eu garde d'oublier :

Car tout est bon en toi, chair, graisse, muscles, tripe
On t'aime galantine, on t'adore boudin.
. . . .
Comme dans notre orgueil nous sommes bien venus
A vouloir, n'est-ce pas te reprocher ta fange?
Adorable cochon, animal roi — cher ange!

MM. Bonvin et Vollon ne sont donc que les continuateurs de M. Ch. Monselet. Ils ont mis en peinture ce qu'avant eux on avait mis en vers : *Ut pictura poesis.* Mais deux cochons! voilà où l'embarras commence; lequel préférer? Ils sont là, morts dans tout l'épanouissement de leur santé, le teint pâle et décoloré, suspendus par les pieds, pour permettre à leur sang généreux de s'écouler plus facilement, et, malgré cette attitude peu flatteuse, également appétissants: entre les deux, mon estomac balance. L'un, celui de M. Vollon, est tué au moins depuis plusieurs jours. Privé même de ses jambons, il n'étale plus aux regards avides du public que sa poitrine éventrée, toute garnie de boyaux et de chair à saucisse. L'autre, celui de M. Bonvin, vient de mourir à peine; au moins a-t-il mieux conservé l'intégrité de sa personne, et, sous son épaisse enveloppe, toute repue de lard et luisante à l'envi, se cachent des trésors de saindoux et de vieux oing. Et puis on se prend à regretter la fin prématurée de cette pauvre créature, qui, naguère encore, prenant ses joyeux ébats, se vautrait, comme Job, sur son fumier, et dont la quiétude insouciante et philosophique, se reflétant dans ses yeux émerillonnés, donnait à tout son être une apparence de bonhomie prudhommesque. Véritable épicurien, qui connaissait par avance le sort qui l'attendait, et, loin de se préoccuper outre mesure d'une destinée qui a sa grandeur et son utilité, laissait paisiblement s'écouler des jours dont quelques grognements sourds osaient parfois rompre la monotonie !

La boucherie non plus n'a pas à se plaindre. Il y aurait de quoi nourrir pendant plusieurs jours la population d'une sous-préfecture de première classe, rien qu'avec les troupeaux de bœufs et de moutons qui paissent mélancoliquement dans le salon de 1875. M. Schenck est assurément le peintre qui réussit le mieux l'animal qui nous donne le gigot, ou, si l'on préfère une formule plus pastorale, le compagnon favori des bergères Louis XV. Il faut admirer ses dix ou douze jolis moutons distribués dans deux tableaux, dont l'un surtout représente l'effarement de ces malheureuses bêtes que poursuit un parapluie chassé par l'ouragan.

Et les chats de M. Lambert ! et les chiens de Jadin ! et les chevaux de J. Lewis Brown ! et tant d'autres enfin où le sentiment artistique ne le cède en rien à l'habileté de la main !

Néanmoins, si intéressantes que puissent être toutes ces œuvres, elles ne sauraient nous faire oublier que la représentation de la figure humaine est

le but le plus élevé que puisse se proposer le peintre, le modèle le plus noble dont il lui soit donné de
saisir et d'exprimer les lignes si pures et si belles.
Aussi, préférons-nous toujours aux chefs-d'œuvre
des peintres d'animaux ou de nature morte des toiles, peut-être incomplètes, mais révélatrices à coup
sûr d'une plus haute et plus vaste pensée, comme
celles de MM. Cabanel et Becker.

Thamar, grand sujet tiré de l'histoire de l'Ancien
Testament, semble avoir été, parmi les trois tableaux qui composent l'exposition de M. Cabanel,
celui de ses prédilections. L'artiste y a mis tout ce
qu'il avait d'énergie, de puissance créatrice, et vraiment il y a là une œuvre intéressante, sinon parfaite.
Thamar, fille de David et de Maacha, sœur germaine
d'Absalon, séduite et outragée par Amnon, vient se
réfugier chez son frère. A demi couchée sur ses genoux, elle se cache la tête dans ses mains. La pose,
un peu allanguie, ne manque cependant ni de naturel ni de souplesse. La figure d'Absalon, vue de
profil, est d'un dessin très-vigoureux. Le bras droit
étendu et la main crispée en signe de menace, il contient de l'autre les battements de son cœur en courroux. On trouvera peut-être l'expression de sa colère
trop académique et pas assez nettement accusée.
Mais, qu'on y songe bien, la vérité historique exigeait qu'Absalon ne manifestât pas trop vivement le
courroux qui, intérieurement, l'agitait. Ce ne fut, en

effet, que deux ans plus tard qu'il mit à exécution
ses projets de vengeance, et que, dans un grand festin auquel il convia tous les fils de Saül et où se
trouvait Amnon, il le fit assassiner à la fin du repas.
Les esprits systématiquement hostiles trouveront
peut-être encore qu'il y a ici des contrastes cho-
quants de couleur, des tons malheureux et forcés.
Malgré tout, je ne crains pas de l'avouer, c'est là un
bon tableau, intéressant à voir, et que ses défauts,
quels qu'ils soient, n'empêcheront pas les gens vraiment sincères d'admirer. « Laissons-nous donc,
comme dit Dorante, dans la critique de l'*École des
femmes*, laissons-nous aller de bonne foi aux choses
qui nous prennent par les entrailles, et ne cherchons
point de raisonnement pour nous empêcher d'avoir
du plaisir. »

Le *Portrait de Mme la baronne de G....* n'est
pas indigne de son auteur. C'est une commande bien
réussie.

Je n'en dirai pas autant du dernier tableau de
M. Cabanel, *Vénus*, ou plutôt je n'en parlerai pas,
pour n'en point mal parler.

La grande composition de M. Becker, *Respha
protégeant les corps de ses fils contre les oiseaux
de proie,* donne la mesure d'un tempérament profondément dramatique. C'est encore l'Ancien Testament qui fait tous les frais du sujet, et, de même
que dans la *Thamar* de M. Cabanel, le thème est em-

prunté à l'époque de David. A la suite d'une famine qui dura trois ans, le roi David consulta l'oracle du Seigneur, et l'Éternel lui répondit que cette famine avait été envoyée comme punition du meurtre des Gabaonites par Saül et sa maison de sang. Voulant conjurer le fléau, David alla trouver les Gabaonites et leur demanda ce qu'ils exigaient pour venger l'injure qu'ils avaient reçue. « Sept des enfants de Saül, dirent-ils, pour les mettre en croix et donner satisfaction au Seigneur. » David prit alors cinq fils de Mérab, fille de Saül, deux fils de Respha, sa concubine, et les livra aux Gabaonites, qui les crucifièrent. Et Respha se tint le jour et la nuit, pendant six mois, pour empêcher les bêtes sauvages et les oiseaux du ciel de déchirer leurs cadavres! Debout, l'œil hagard, comme une bête fauve luttant contre une autre bête fauve, dressant dans les airs un bras décharné, elle repousse d'un geste de suprême énergie un énorme vautour qui cherche à s'abattre sur les corps de ses enfants que le vent agite derrière elle. Cette peinture, un peu exagérée, un peu fausse dans certaines parties, mais nerveuse, originale et poignante, semble de l'école de Géricault, et, malgré plusieurs traces de mauvais goût, assurément très-regrettables, elle révèle dans son ensemble un louable effort vers la grande peinture, une tentative hardie que l'impartialité nous fait un devoir de reconnaître et d'encourager.

Rien n'est fatigant comme d'entendre dire continuellement autour de soi : Nous ne sommes plus bons à rien, le peuple est dégénéré, notre époque tombe en décadence, la peinture est perdue en France, l'art est mort et ne revivra plus ; nous sommes au siècle précédent ce que l'empire byzantin était à la république romaine, ce que la Grèce moderne est à la Grèce antique, ce que la monarchie d'Alphonse XII est à l'empire de Charles-Quint. D'abord cela n'est point exact, et puis, en tout cas, à quoi bon les jérémiades sans fin, les récriminations désolées ? Depuis quand a-t-on converti quelqu'un avec des sermons ?

> Eh! mon ami. tire-moi du danger,
> Tu feras après ta harangue.

Est-ce donc simplement avec des regrets superflus qu'on se relève d'une défaite, si défaite il y a ? Est-ce ainsi qu'on répare ses forces et qu'on se corrige de ses fautes, si l'on en a commis ! Et, remarquez-le bien, ce sont toujours les mêmes personnes qui, loin de rechercher par quels moyens il conviendrait de réchauffer ce cœur qui se glace, de ranimer ce dernier souffle qui s'éteint, croient avoir tout fait quand elles nous ont bien démontré que nous ne valons rien. Laissons donc les pleureurs de côté, et tâchons de sonder un peu mieux l'avenir, au lieu de nous abîmer sans cesse dans la contemplation platonique et maladive du passé. Et, qui nous dit que dans cent ans d'ici les productions artistiques que nous critiquons, parce qu'elles troublent nos habitudes et dérangent notre routine, qui nous dit que nos successeurs ne les admireront pas, comme nous admirons aujourd'hui la gravité prétentieuse, mais sévère et grandiose du style Louis XIV, le genre mièvre, efféminé, mais élégant et gracieux de la peinture Louis XV ? On ne juge jamais convenablement son époque ; la passion, le découragement obscurcissent les yeux. Il en est des appréciations sur les faits d'actualité comme ces objets que baignent les clartés diffuses du soleil de midi, et qui, noyés dans un ton de lumière uniforme et jaunâtre, sont pour l'œil ébloui d'une perception sans netteté, sans franchise. Mais que le soleil tende à se rapprocher des frontières de l'horizon, que les lueurs du jour commencent à s'apaiser, et chaque chose apparaîtra telle qu'elle est, avec sa couleur relative, sa forme bien déterminée et des contours d'un dessin plus précis et plus ferme. Le caractère, le cachet d'une époque échappent de même le plus souvent au jugement impartial des contemporains, et la vérité, qui est femme, met toujours une certaine coquetterie à ne sortir que très-tard de son puits. Concluons : la critique ne saurait avoir la prétention ridicule de rendre des arrêts ; elle a simplement pour mission, et sa part est déjà assez belle, d'éclairer l'opinion parfois indécise du public, en lui confiant ses impressions motivées.

Ainsi, quel que soit le sort réservé dans l'avenir à la *Fête de la Saint-Jean*, de M. Jules Breton, il est certain qu'elle remue, dès à présent, ce petit coin de poésie que le plus déshérité d'entre nous possède au fond de son cœur. Je ne puis résister au plaisir de citer quelques-unes des stances que M. J. Breton, quittant un instant le pinceau pour la plume, a jetées, comme par distraction, dans un petit recueil (*Les Champs et la Mer*), dans lequel on devine déjà son merveilleux talent de paysagiste, et dont le tableau cette année n'est que la traduction pittoresque :

> Tandis que dorment les faucilles
> Aux hangars, vers la fin du jour.
> Autour des feux, les jeunes filles
> Dansent en rond au carrefour.
>
> Dans le crépuscule que dore
> Un dernier rayon incertain,
> Sur l'horizon où vibre encore
> La brume chaude du lointain,
>
> On voit leurs silhouettes sombres,
> Que baigne un reflet azuré,
> Dans le mystère exquis des ombres,
> Décrire leur pas mesuré.

Ces joyeuses filles de la campagne, qui sautent en cadence autour de la flamme ardente des fagots

embrasés, sont d'une grâce naïve et harmonieuse,
qui rappelle les danses sacrées des jeunes Lacédémoniennes. Restez quelques instants devant ce petit
tableau, et vous vous sentirez bientôt pris d'un
irrésistible désir de quitter au plus vite la poussière
étouffante des villes, pour aller respirer aux champs
la saine odeur des foins coupés, et oublier, comme
Horace, tous les tourments de la vie agitée et tu-
multueuse :

Ducere sollicitæ jucunda oblivia vitæ.

Si l'on excepte l'école hollandaise, les Ruisdael,
les Hobbema, les Berghem, les Karel du Jardin, qui
ont su pénétrer profondément les secrets de la grande
âme qui anime la nature, aucune autre époque que
la nôtre n'a poussé à un plus haut degré d'expression
la peinture de paysage. Jamais on n'a mieux senti et
rendu la vie cachée des champs, la douce mélancolie
des plaines, la majesté tranquille des fleuves, la rêverie flottante des vallées, le sourire naissant de l'aurore, le mystère des grands bois, la sublimité de la
mer, l'épanouissement du printemps.

Qui ne connaît les œuvres de Corot, de cet artiste
sympathique, dont la mort a été entourée de tant de
regrets ? Qui ne sait avec quel amour, quelle secrète
et sincère émotion il peignait ses paysages si simples
et si vrais ? Un bouquet d'arbres, un ruisseau mur-

murant, quelques hautes herbes, il n'était rien qui n'eût pour lui son langage. La nature, chez Corot, n'était peut-être pas celle de tout le monde, mais c'était la nature telle que seul il la devinait. Soit qu'il lui plût de représenter les clartés indécises du matin, ou les pâles reflets de la lune, il ne comprenait pas qu'on pût préciser les lignes d'une prairie, d'un cours d'eau, d'un feuillage, comme on trace les contours d'une physionomie, d'un portrait. Il trouvait de la dureté, de la sécheresse dans la reproduction exagérée des moindres détails, et les nuances molles et délicates dont il estompait ses fonds d'une rare beauté, en les baignant tantôt dans les vapeurs humides du matin, tantôt dans les ombres croissantes de la nuit, semblaient correspondre aux pensées douces et rêveuses de ce cœur si bienveillant. Sa puissante originalité apparaît dans les trois derniers tableaux que possède de lui le salon de 1875 : *Les Bûcherons* ; *Les Plaisirs du Soir* ; *Biblis* : autant de pages délicieuses et touchantes, comme savait en écrire son merveilleux pinceau ! Corot avait le culte de son art, et jamais il ne le rabaissa au rang d'un métier. Il y voyait comme un don de la Divinité, et se considérait comme un modeste traducteur, chargé d'interpréter toutes les idées qu'elle faisait éclore et bourdonner dans son cerveau. Enfin, dans ses suprêmes entretiens avec ses élèves, jusqu'au moment où la mort vint le surprendre au milieu de ses amis, il leur enseignait à aimer cette nature, qu'il avait prise bien souvent pour son institutrice et sa confidente, et auprès de laquelle, parfois triste et découragé, il avait trouvé en même temps la consolation et la gloire.

Si Corot est assurément une des plus puissantes originalités qui aient remis en faveur la peinture de paysage, il faut avouer qu'à côté et derrière lui, marche toute une caravane de brillants paysagistes, et que le culte de la vraie nature ne paraît pas encore près de s'éteindre.

Peut-on rien imaginer, en effet, de plus délicatement rendu que les dessous de bois de César de Cock? A travers une double rangée d'arbres capricieux frissonne un délicieux petit cours d'eau, dont la transparence reflète les teintes variées des feuillages entrelacés qui forment au-dessus de lui comme un berceau de verdure. Un rayon discret de soleil ose à peine pénétrer ce *buen retiro*, et l'impression de joie, de fraîcheur, qui se dégage de cette solitude heureuse, justifie amplement le titre que le peintre a donné à son œuvre, *Le Printemps*.

Il y a aussi beaucoup de poésie dans le *Vieux Moulin de Normandie*, du même artiste. Le moulin, à demi caché dans un massif ombreux, la rivière légèrement carminée par les derniers jets de lumière qui annoncent le crépuscule, cette barque attachée au rivage, tout est disposé avec infiniment de goût, d'harmonie, et révèle un talent très-fin et très-délicat.

Les *Bords de l'Èbre,* dans leur sauvagerie apparente, ne manquent pas non plus d'une certaine saveur ; mais on voudrait un peu plus de cette sincérité, de cette franchise, de cette simplicité, je dirai presque de cette naïveté qui place les *Chaumes,* de M. Ségé, parmi les meilleurs paysages du salon de cette année.

Le sujet était pourtant bien modeste et semblait prêter difficilement aux effets pittoresques. De quoi s'agissait-il, en effet ? de représenter dans sa physionomie monotone une de ces longues plaines du pays de Beauce. Un berger et son troupeau occupent le centre de la toile. Dans un second plan, assez éloigné, un village presque endormi et silencieux dessine sa noire silhouette. Nous sommes à la fin d'une chaude journée d'été. Déjà les teintes violacées du soir s'emparent de l'horizon, et l'on entrevoit vaguement dans le lointain, noyées dans de chaudes évaporations bleuâtres, les flèches élégantes et audacieuses de la cathédrale de Chartres. La perspective est fort belle, et quelques arbres élancés, jetés çà et là pour rompre la monotonie de la plaine, permettent en même temps d'accuser les lignes fuyantes et d'augmenter encore le sentiment de la profondeur. Ce tableau, d'une exactitude et d'une réalité parfaites, ne peut qu'être un objet d'éloges sans restric-

tion de la part des idéalistes, car il joint au naturel et
à la pureté des lignes la poésie forte et profonde de
la campagne. M. Ségé, en nous offrant un échantillon des contrées si peu accidentées de la Beauce, et
qui ne paraissent guère faites pour exciter l'imagination des peintres, a voulu nous montrer, et y a
pleinement réussi, que tout est beau dans la nature
pour qui sait bien la regarder.

Des trois peintures exposées par M. Émile Breton,
l'*Effet de neige dans un village d'Artois en hiver*
est certainement celle que je préfère ; encore faudrait-
il qu'on fît disparaître, en la badigeonnant, cette
voiture de saltimbanque, dont la carcasse vert oseille
est d'une crudité qui choque et détonne.

Le *Canal de Courrières*, en automne, baigné
dans une teinte rousse très-fatigante pour le regard,
sent le parti pris d'un peintre qui cherche les difficultés pour avoir le plaisir de les vaincre. Il serait
d'ailleurs à désirer que le triomphe fût moins
bruyant. Certains rouges, très-montés en couleur,
sont tout ce qu'il y a au monde de plus discordant.

Enfin, l'*Étoile du Berger*, prairie vue le soir, est
tellement sombre et brouillée, qu'on a bien de la
peine à distinguer le pasteur et ses brebis rentrant
dans la bergerie. Pour peu que M. Ém. Breton continue sur cette voie des dégradations de lumière, il
nous donnera, l'année prochaine, un effet de nuit, et
l'on ne verra plus rien du tout. Nous sommes, du

reste, très-excusable de nous montrer sévère pour
un artiste qui nous avait habitué à plus de sobriété
dans l'inspiration, à plus de naturel et de vigueur
dans l'exécution.

La *Mélancolie*, de M. Daliphard, paysage lourd,
épais, écrasé, serait plus exactement intitulé : *L'Oppression*, à cause du manque d'air qui le caractérise.
On étouffe dans ce milieu d'arbres épais, charbonneux, plaqués, où règne l'abus de la tache et des
ombres noirâtres. On n'y retrouve pas le moindre
effort de perspective aérienne, et tout y est d'une
couleur bitumineuse qui rappelle les effets de l'as-
phyxie. Combien je préférais le *Cimetière*, au salon
de 1874 ! Peut-être, cependant, voyait-on poindre
déjà chez M. Daliphard ce besoin d'exagération de
la pensée dominante qui doit être, il est vrai, ex-
primée d'une façon saisissante pour donner du ton
au tableau, mais qu'il faut bien aussi se garder d'ou-
trer, sous peine de n'arriver à produire qu'une
monstruosité. Ce qui n'était alors qu'une tendance
fâcheuse est devenu, je le crains aujourd'hui, un
véritable défaut.

Plus heureuse que mon Périgord, dont je n'ai pu
entrevoir la moindre vallée, la plus petite rivière,
parmi les centaines de pages arrachées au livre de
la nature qui s'étalent plus ou moins pompeusement
sur tous les murs de l'exposition, la Franche-Comté
a eu au moins cette bonne fortune d'être parcourue

par un peintre dont la réputation est assurée. M.
Français, en galant homme qu'il est, a voulu nous
communiquer un peu de la satisfaction que lui a fait
ressentir la découverte du ruisseau du Puits-Noir, et
il nous le montre sous deux aspects opposés : le matin
surtout, c'est la fête des yeux ; les arbres qui se pen-
chent, le petit sentier qui tournoie, les eaux qui
écument, sont d'une grâce infinie. Il y a dans les
moindres détails une exubérance de gaieté, de bonne
humeur très-communicative. Certains morceaux
laissent à désirer du côté de la vraisemblance. On
rencontre des parties de feuillage qui ont les cou-
eurs du printemps, pendant que les autres sont
de l'automne. Deux ou trois coups de pinceau, et
M. Français corrigera cette fantaisie plus qu'artistique.

M. Pelouze a trouvé la note juste dans sa *Ferme
normande.* Nous sommes vraiment en plein automne,
et tout concorde au même but. Les feuilles, comme
les roses, ne durent qu'un printemps ; et les voilà
déjà vieilles et roussies. La ferme est à droite, soli-
taire et morne. Le ciel est chargé de grosses nuées
d'un gris d'ardoise qui présagent quelque violent
orage. A gauche, un chemin « montant, sablonneux,
malaisé, » semblable à celui dont parle La Fontaine,
déroule près de la ferme un de ses rubans poudreux.
Il n'est rien, jusqu'au vol rapide des oiseaux, chassés
par l'ouragan, qui ne rende bien la pensée de l'ar-

tiste, et la composition est ici à la hauteur de l'expression.

Après les maîtres, les élèves : la jeune génération se distingue par beaucoup de hardiesse, de vérité, d'intention, et c'est à juste titre que le jury a récompensé des paysagistes comme MM. Defaux, Rapin, Herpin, Colin, Zubert et Vayson. Mais, parmi les heureux du jour, M. Defaux est celui qui a montré le plus de tempérament. *Le Printemps dans les bois à Auvers* (Seine-et-Oise) flatte par la richesse et la vivacité du coloris. C'est une de ces peintures devant lesquelles s'arrêtent les hommes du métier, et qui leur font s'écrier : « Il y a du souffle là-dedans. » Nous croyons deviner en M. Defaux l'étoffe d'un artiste d'avenir. Fasse le Ciel que nous ne nous trompions pas !

Les autres médailles ont été accordées, en grande partie, à des peintures de genre. Nous avons remarqué, dans le nombre, L'*Embarquement de Manon Lescaut*, par M. Delort. La tête de Manon est tout simplement ravissante, et l'ensemble est traité dans la façon délicate et fine de Gérome.

Les *Lutteurs*, de M. Falguière, qui ont eu les honneurs d'une médaille de deuxième classe, sentent bien la main du sculpteur qui les a tracés, et si la couleur ressemble à du barbouillage, le dessin, en revanche, y est d'une énergie peu commune.

Que citerais-je encore ? *Halte-là*, de M. Roll, qui

figure la lutte d'un cavalier français contre un cavalier prussien, et dont les attitudes et les gestes sont pleins de mouvement et de *furia* française ; *Pyrame et Thisbé*, de M. Delobbe. Qui ne connaît l'histoire de ces deux enfants de Babylone qui s'éprirent d'amour l'un pour l'autre, malgré la volonté de leurs parents, ou peut-être même à cause de cette volonté? Amour contrarié, amour doublé. Les parents leur ayant défendu de se voir, ils se donnèrent en secret un rendez-vous sous un mûrier, aux environs de Babylone. Ce devait être, et qui pourrait s'en étonner? Mais ici finit la comédie et commence le drame. Thisbé arrive la première. Poursuivie par un lion, elle s'échappe en abandonnant son voile, que la bête déchire et ensanglante. Puis vient Pyrame : il aperçoit des traces sinistres, croit son amante dévorée et se tue de désespoir. Thisbé, entendant des cris, retourne sur ses pas, découvre le cadavre du bienaimé, et se poignarde à son tour. « C'est alors, dit Ovide dans ses *Métamorphoses*, que les fruits du mûrier, teints de leur sang, changèrent de couleur, et devinrent rouges depuis ce jour, de blancs qu'ils étaient auparavant. » M. Delobbe s'est ingénié à reproduire cette fin tragique. Il est seulement fâcheux que son clair de lune ressemble tant à ceux que l'on obtient au théâtre au moyen de la lumière électrique. La facture de ce tableau n'a du reste rien de personnel, c'est une réminiscence incorrecte de Prudhon.

Lorsque l'on examine avec soin la toile de M. Courtat, on n'est point surpris que le jury lui ait décerné une première médaille. La *Léda* se reposant du bain sur les rives de l'Eurotas et écoutant d'une oreille attentive les discours amoureux que lui tient Jupiter, sous la forme d'un cygne, indique des qualités de facture très-remarquables. Conçue dans une gamme atténuée et délicate, caressée par une douce diffusion de lumière, elle ne fait pas trop regretter la Léda de Paul Véronèse, de Michel-Ange, ou du Corrége; et la morbidesse des chairs, la suavité des contours reposent agréablement les yeux.

Quant aux médailles accordées à M. Goupil pour sa peinture de mode : *Une Femme en* 1795, et à M. Jacquet, pour sa *Rêverie*, œuvre tourmentée, maladive, contentons-nous de nous incliner. Sans doute il existait des motifs de haute convenance pour récompenser ainsi ces deux artistes. Mais, comme nous ne sommes pas dans le secret des dieux, nous imiterons de Conrard le silence prudent.

Aucun peintre n'a été jugé digne, à l'exposition de 1875, d'obtenir la médaille d'honneur. Mais le grand prix du Salon, institué par M. de Chennevières, a été donné à M. Cormon, pour son tableau intitulé : *La Mort de Ravana*. La critique a modérément apprécié ce choix. Cependant on a dû reconnaître en M. Cormon de précieuses ressources à cultiver, et sa réminiscence du *Massacre de Chio*, de M. Delacroix, a fait espérer qu'un séjour prolongé à Rome, développant certaines qualités vigoureuses dont il avait déjà fait preuve, le rendrait plus propre à la peinture d'histoire, vers laquelle il semblait vouloir diriger ses efforts. Mais l'École des beaux-arts, qu'on dépouillait en cette circonstance d'une de ses importantes prérogatives, a contesté l'autorité du directeur des Beaux-Arts pour choisir le lauréat du prix du Salon, et une rupture s'est opérée entre plusieurs professeurs de l'École et le pouvoir central.

Pendant que ce nouveau conflit d'attributions passionnait les intéressés, le public indépendant s'écartait d'une question trop actuelle pour être utilement discutée, et reportait toute son attention sur la *Naïade* délicieusement modelée de M. Henner, et sur les *Baigneuses*, un peu froides, de M. Carolus Duran. En même temps, la *Jeune Fille hollandaise*, en costume du XVIe siècle, de Mlle Ferrère, recueillait les suffrages des amateurs délicats. Enfin le *Marché du Ponte di Rialto*, à Venise, de M. Pascutti, et la *Fille du Barbier*, de Mlle Dubos, élève de M. Chaplin, méritaient, par une grande dépense de bonne volonté, d'être sincèrement encouragés. De son côté la sculpture, assez pauvre cette année, possédait trois belles choses, mais rien de plus : *La Jeunesse*, de M. Chapu, lauréat de la médaille d'honneur, le buste expressif de Monseigneur

Darboy, par l'honorale directeur de l'École des beaux-arts, M. Guillaume, et *La Jeunesse d'Aristote,* par M. Degeorge, œuvre de talent et d'avenir. Le reste n'avait qu'une valeur relative, et faisait comprendre la nécessité d'une protection plus efficace, plus active, de la part du gouvernement.

La sculpture, en effet, pencherait bientôt vers son déclin si elle ne trouvait dans l'État l'appui dont elle a besoin. Moins heureux que le peintre, le sculpteur ne se voit jamais enrichi par une nombreuse clientèle, et M. le comte d'Osmoy, dans son rapport sur le budget des beaux-arts (exercice 1875), exprimant le désir d'une plus large dotation en faveur d'un art d'une si haute importance, remarquait avec raison que le prix élevé des œuvres sculpturales ne permettait qu'à l'État seul de faire des commandes considérables.

IV. — DIRECTION DES BEAUX-ARTS.

N'eût-elle qu'une mission de secours pécuniaires,
la direction des Beaux-Arts se trouverait justifiée.
Erections de monuments, de statues, achats et commandes, encouragements et indemnités aux artistes,
telles sont ses principales fonctions. Mais sa portée
est plus haute, elle est le refuge des artistes malheureux qu'abandonne l'ingratitude du public ; elle sert
de tuteur à la jeunesse et lui offre le moyen de se
produire au grand jour, elle est le gardien vigilant
des traditions de la peinture religieuse, épique, historique.

Depuis que l'école française est née, un service à
part a été créé pour s'occuper particulièrement des
artistes. Surintendance des bâtiments avec Colbert,
ce service est devenu, après la Révolution, une des
branches du ministère de l'intérieur. Un décret
du 14 fév. 1853 l'a ensuite transporté au ministère
d'État, et plus tard l'administration des Beaux-Arts
a été rattachée au ministère de la maison de l'empereur et comprise dans le budget de la liste civile. En
1870, un ministère spécial lui a été consacré, avec

M. Maurice Richard comme titulaire. Enfin, depuis la guerre, le ministre de l'instruction publique l'a reprise dans ses attributions, confiant à un directeur autorisé des pouvoirs assez larges pour centraliser les moyens d'action du gouvernement, et lui adjoignant un conseil supérieur pour l'éclairer dans sa conduite et rester dépositaire des traditions, que pourraient mettre en péril les fréquentes modifications ministérielles.

Mais la même pensée apparaît à travers ces diverses transformations. Toujours on a senti l'utilité de la concentration des forces gouvernementales dans une institution déterminée, et, chaque fois que l'administration des Beaux-Arts s'est trouvée, par suite de nécessités politiques, dépendre d'un ministère quelconque, jamais on ne l'a considérée comme une puissance simplement accessoire. L'immense autorité dont on l'a sans cesse investie ne lui a rien enlevé de sa part d'influence dans l'éducation morale du peuple, et sa dépendance est demeurée purement nominative.

On a constaté en maintes circonstances les bienfaits de l'administration des Beaux-Arts. Qu'on ne vienne donc pas objecter l'incapacité de l'État parce qu'il ne s'est jamais servi du pinceau, ni de l'ébauchoir. S'est-il trouvé personne pour constester le rôle utile d'un ministre de l'Agriculture et du Commerce, bien qu'il n'ait pas davantage auné du drap ou conduit la charrue? Le reproche ici ne serait guère mieux fondé. « L'intervention de l'État, disait en 1868 M. Guillaume, peut seule maintenir l'unité et les grands mobiles qui jusque dans ses applications empêchent l'art de s'abaisser. Rien de plus légitime que le patronage exercé sur l'art au nom du souverain, rien de plus conforme à leur dignité réciproque ; rien, en un mot, qui réponde mieux à l'indépendance d'idée du beau dans notre intelligence que la séparation dans le gouvernement d'une grande administration comme celle qui existe aujourd'hui. »

Il va sans dire qu'une direction des Beaux-Arts n'existera qu'à la condition d'être généreuse, libérale, et de s'inspirer des procédés délicats de Louis XIV vis-à-vis de Molière, de Charles-Quint à l'égard du Titien. On ne traite pas les artistes comme on conduit des soldats, et la discipline, indispensable à la bonne tenue des uns, serait dangereuse pour l'indépendance naturelle des autres.

En bien des circonstances il faut savoir dépenser, et les Beaux-Arts autorisent des prodigalités déraisonnables à tout autre point de vue. Le beau n'a point de prix, et les sommes qu'on emploie à le produire reparaissent sous une autre forme. Source de dépenses, il devient source de richesses, et les économistes classent les Beaux-Arts parmi les plus productifs moyens d'échange.

Mais la principale condition est d'avoir un art

profondément national, qui, créé dans l'intérêt de tous, profite à tous. Un art, exclusivement personnel au souverain qui l'inspire, ne remplirait pas le caractère d'utilité, de grandeur générale, que l'État est en droit d'exiger de l'artiste qu'il protége, et Le Nôtre faisait preuve de sagesse et de prudence quand il arrêtait son maître dans la voie sans issue où le poussait son dispendieux orgueil. Un jour, en effet, que Le Nôtre racontait au roi-soleil ses magiques inspirations, Louis XIV l'interrompit, tout ébloui par cette vision du sanctuaire de sa gloire « Le Nôtre, je vous donne vingt mille francs ». Et plusieurs fois le roi interrompait son jardinier pour lui réitérer cette formule coûteuse d'approbation. Le Nôtre, effrayé, s'écria à la fin : « Je n'en dirai pas davantage à Sa Majesté, parce que je la ruinerais. »

La direction des Beaux-Arts a précisément pour but d'éviter la propension au servilisme, et l'institution d'un conseil supérieur pour l'assister et la contrôler est la première caution d'une bonne administration, dont la crainte des jugements de l'opinion publique est la dernière et la plus sérieuse.

Depuis la base jusqu'au sommet, depuis l'enseignement de l'école jusqu'aux récompenses et aux encouragements que dispense la direction des Beaux-Arts, la gradation s'opère régulièrement, et chaque rameau détaché du tronc s'harmonise et se complète.

Le salon, le musée, les achats, les commandes, sont autant de stimulants dont les résultats favorables ne sauraient être méconnus. Cette organisation française, que beaucoup critiquent sans la connaître, non-seulement a reçu dans ses principes la consécration du temps, mais a encore servi de modèle aux nations que la recherche d'un régime essentiellement propre au développement des arts a rapprochées de notre système de protection, comme du meilleur type à imiter.

L'an 1768, fut fondée en Angleterre, sous le patronage de la reine, une académie royale des arts, placée sous la direction d'une commission de quarante membres. Chaque année une exposition de peinture et de sculpture constatait l'état des beaux-arts. Ce ne fut qu'en 1824 qu'on commença à former une collection assez importante pour servir de germe à un musée (National Gallery). Sir Charles Eastlake fut chargé des acquisitions, et reçut pour cela du Parlement 100,000 livres sterling. L'esprit public, longtemps agité, se calmait dans la Grande-Bretagne; alors commençait une période de gloire intérieure et de triomphe paisible. Le génie anglais apparaissait avec Reynolds, Barry, Guinsborough, Wilson, et l'école anglaise prenait naissance.

L'Autriche possède, en 1705, une académie des beaux-arts, mais elle ne l'organise réellement qu'en 1850.

En Belgique, la patrie de Van Dyck et de Rubens, il existe des académies royales ou écoles des beaux-arts dans les villes importantes, Bruxelles, Anvers, Gand et Liége. — A Bruxelles, tous les ans sont ouverts des concours de peinture et de sculpture dont les vainqueurs sont pensionnés par l'État et envoyés à l'étranger pour y compléter leur éducation.

L'Italie contient de nombreux établissements d'art, mais peu florissants. Chaque grand centre y est doté d'une école, pâle copie de la nôtre. L'État en a la surveillance. D'abord abandonnées à elles-mêmes, ces écoles, qui n'étaient à l'origine qu'une simple réunion de professeurs sans mandat, se sont de leur propre mouvement placées sous l'aile du Gouvernement, et lui ont demandé la sanction nécessaire à leur existence officielle.

Il n'est point jusqu'à l'Espagne qui n'ait voulu avoir une école des Arts Nobles, l'académie de Saint-Ferdinand, à Madrid, entretenue directement par l'État. Quelques autres académies ont germé çà et là, comme les rejetons d'un arbre vigoureux. Mais les préoccupations politiques de l'Espagne en ont arrêté la pousse et desséché la séve.

CONCLUSION

L'Avenir des beaux-arts.

Nascuntur poëtæ, dit Horace ; il aurait pu en dire
autant des artistes. On n'acquiert pas ce qu'accorde
la Providence. Si cependant le poëte a besoin d'apprendre les règles de la prosodie pour donner à son
inspiration la forme harmonique et rhythmée, combien plus encore l'artiste doit pénétrer les secrets du
dessin pour pouvoir analyser son rêve et le traduire !

Il ne suffit point d'avoir du génie ; l'étude l'élargit
et l'épure. Le dessin est le clavier du peintre, du
sculpteur, de l'architecte. Instrument de la conception de l'artiste, il répond à sa pensée intime et
l'aide quelquefois à la développer. Commun aux différentes branches de l'art, il en est le pivot, la base
essentielle. Or le dessin ne s'invente pas, il suit des
règles que l'on ne connaît qu'en les apprenant, et
pour les apprendre rien ne vaut l'enseignement de
l'État. Lui seul dispose de moyens assez puissants,
de ressources assez considérables, pour être à même

de remplir cette tâche mieux que ne le ferait jamais l'initiative individuelle des intéressés.

Ainsi non-seulement les gouvernements ont le devoir de protéger les arts, mais ils en ont encore le droit et le pouvoir.

Ils en ont le devoir : nous l'avons vu par l'histoire des peuples qui ont habité la terre dès la naissance du monde. Chaque nation a compris son rôle à sa manière, et les révélations du beau, depuis les profondeurs de l'Inde jusqu'à la France contemporaine, ont varié suivant le mode d'existence de la société humaine. A peine dégrossies chez les races en enfance, elles se sont perfectionnées à mesure que l'organisation administrative se précisait, se déterminait davantage.

Ils en ont le droit et le pouvoir, puisque seuls ils sont en mesure de bien enseigner le dessin, et de l'enseigner non pas uniquement à quelques privilégiés de la nature, mais à la jeunesse tout entière. Certes, tous ne deviendront pas des artistes, mais tous en retireront un profit intellectuel et moral. « L'étude de la nature et des modèles qui s'en rapprochent le plus imprime dans les âmes l'amour du beau, qui est en même temps l'amour du bien, selon l'axiôme des Grecs. La netteté des lignes a une connexité secrète avec la netteté des idées, et l'on comprend pourquoi les anciens faisaient du dessin une annexe de la philosophie. » Ces paroles si justes que

M. Alphonse Royer, inspecteur des Beaux-Arts, adressait aux jeunes filles de l'École impériale de dessin,
montrent que le champ de la discussion n'est pas
épuisé sur cette thèse de la protection des beaux-arts
par l'État, et qu'en dehors des principales institutions
dont nous avons sommairement indiqué la mission
et la portée, il est une autre tâche qui incombe à
l'État : celle de créer en quelque sorte le dessin obli-
gatoire. Il serait utile, en effet, que tout le monde
sût dessiner, comme tout le monde doit savoir lire et
écrire. « L'amour de la ligne, dit M. Arsène Houssaye, c'est la recherche du droit chemin. »

C'est aussi le plus sûr moyen d'arriver à la revanche pacifique et morale, la seule vraie et durable.
Les beaux-arts sont le rameau d'olivier qui présage
une longue paix aux peuples heureux qui les culti-
vent. Nobles et consolantes études qui grandissent
le cœur de l'homme en lui ouvrant des échappées
de vue sur l'infini, et lui donnent la force de concevoir, de créer, lui mortel, des œuvres impérissables
comme la pensée !

Partout aujourd'hui on forge des canons, on fabrique des fusils. Soit, puisque notre sécurité personnelle est à ce prix ; mais faut-il pour cela négliger
les artistes, abandonner ce qui est plus que la garantie matérielle des intérêts d'un peuple, ce qui est
sa vie morale ? Non, mille fois non ; que la France
continue de cultiver cette belle région de l'art qui

n'a jamais été abreuvée ni de sang, ni de larmes ! **Les**
terribles événements qu'elle a traversés ont pu
amoindrir sa puissance et ses forces, mais ils ont
laissé son cœur intact. La France, en dépit des
ravages et des dévastations, demeure la grande mis-
sionnaire de la civilisation, et l'Europe frileuse
viendra longtemps encore se réchauffer à son foyer.

Pour moi, j'en ai l'absolue confiance ; si j'ai pu
d'ailleurs, par l'étude, sincère bien qu'imparfaite,
des grandes périodes de rénovation, de gloire, trop
rapidement parcourues, démontrer l'inclination naturelle qui tend à rapprocher chaque jour davantage
les beaux-arts de la Politique, et, par suite, la nécessité de leur union ; si j'ai pu enfin, par l'épanche-
ment de mes pensées et de mes aspirations les plus
intimes, et sans avoir la prétention audacieuse d'of-
rir une solution toute prête, faire pénétrer dans l'esprit des quelques amis bienveillants qui auront la
patience de me lire la conviction qui est dans le
mien, je dirai, en terminant, comme Titus : « Je
suis content, je n'ai point perdu ma journée ! »

APPENDICE

LES BEAUX-ARTS CHEZ LES PÉRIGOURDINS

(Extrait du journal l'*Écho de la Dordogne*.)

IL existe, à cent cinquante lieues de Paris environ, une heureuse contrée qu'on appelait autrefois le Périgord, et qui, diminuée, restreinte par les exigences administratives, se nomme aujourd'hui la Dordogne. L'air y est agréable et doux ; de belles rivières la traversent dans tous les sens, et nombre de villages, coquettement assis sur la rive, y viennent réfléchir leur rustique image. Quiconque parcourt ses longues et fraîches vallées ne peut s'empêcher d'admirer l'aspect tantôt riant et gracieux, tantôt morne et sévère, qu'y revêt la capricieuse nature. Là, ce sont de vastes prairies, bordées de saules et d'oseraies, de magnifiques forêts de châtaigniers, qui poussent au flanc des montagnes et protégent de leur ombre immense des champs de bruyère sauvage ; plus loin, des rochers abruptes dont la rude épiderme se recouvre de mousses et de lichens. Ici, quelques vieux castels, aux donjons délabrés, rappellent la tyrannie grossière du seigneur féodal. Ou bien encore ce sont de mystérieux dolmens, dont la sombre silhouette nous fait involontairement songer aux premiers temps de la Gaule, à ces époques où la patrie des *Petrocorii* était, comme la vieille Armorique, le sanctuaire préféré des Druides.

Qu'un étranger, poussé par le hasard ou la curiosité, vienne jusqu'en Périgord, il n'y pourra demeurer longtemps avec indifférence. De cette terre qu'il foule aux pieds s'exhalera bientôt tout un monde de rêveries et de légendes historiques. Que sera-ce donc alors pour ceux qui y sont nés ? Nous tenons à la terre par bien des liens, d'abord par ceux de la famille, et par ce qu'on appelle aussi l'amour du sol natal, qui n'est autre que le lien de la famille agrandie, élargie. Au sein de la grande ville où tout s'agite fiévreusement, convulsivement, chacun songe aux campagnes natales, aux contes de la grand' mère. L'un voit en rêve Périgueux et sa magnifique cathédrale, ses quais et ses promenades ; l'autre, Bran-

tôme et son abbaye, son clocher du temps de Charlemagne, ses pierres druidiques, et la bordure de rochers qui ombrage les deux rives de la Dronne. Les
sceptiques peuvent sourire, ils n'empêcheront point
que nous ayons souvenance du pays où nous avons
respiré pour la première fois, son soleil n'eût-il
qu'un seul jour égayé notre regard ! Il en reste dans
le cerveau comme une empreinte indélébile qui vous
accompagne, vous suit partout, au milieu des plus
graves et des plus hautes préoccupations.

Voulez-vous toucher le cœur d'un Périgourdin,
parlez-lui de son pays, de ces mille détails familiers
qui ont bercé son enfance, des aventures héroïques
de Champalimeau. Parlez aux vieillards, qui touchent au terme de la carrière, et dont la vie n'est plus
qu'une dernière branche à l'arbre des réalités, parlez-
leur des jeunes qui entrent à leur tour en campagne,
et ont pour se conduire les exemples de leurs aînés ;
et aux jeunes qui ont quitté le toit paternel pour
courir, à travers la France, à la recherche d'une position sociale, racontez-leur les gloires de notre Périgord. Car c'est toujours à lui, voyez-vous, c'est à ce
Périgord que nous rapportons tout en définitive :
nos triomphes et nos joies. « *M'aimerais à l'adven-
ture mieulx*, disait Montaigne, *deuxiesme ou troi-
siesme à Périgueux que premier à Paris.* » C'est
bien là le fond de la nature du Périgourdin ; et si
loin, si haut qu'il arrive, la meilleure part de ses

pensées appartient encore, comme dit la chanson, au pays qui lui a donné le jour.

Qu'on ne s'étonne donc point si nous autres, simples critiques, nous éprouvons un certain plaisir à savoir ce que font, ce que deviennent ceux de nos compatriotes qui suivent le chemin long et ardu de la célébrité dans les arts. Il nous semble si doux, en effet, de les soutenir de notre espérance et de nos vœux !

Nous sommes d'ailleurs aidés dans cette tâche par les efforts constants du gouvernement. Sa protection se manifeste ici sous une de ses formes les plus utiles. Grâce aux dons qu'il fait aux musées de province des œuvres importantes que la critique a signalées, il continue le rôle de publicité du salon, et rend à leur pays d'origine des gloires qui, bien qu'acquises sur une autre scène, y tiennent cependant par des racines assez profondes pour n'en pouvoir plus raisonnablement être détachées.

Aux deux salons de 1874 et de 1875 le Périgord a dignement figuré. « A tout seigneur tout honneur. » Le premier peintre et le plus ancien de tous est aujourd'hui M. Lafon.

La peinture religieuse est le genre auquel il s'est le plus particulièrement adonné. Après avoir, dès l'âge de seize ans, suivi les leçons de Gros, et celles de Delaroche, il débuta par un tableau de genre fort remarqué : *Le Festin ridicule de Boileau.* Mais il sentit bientôt que son génie l'emportait vers des sphères plus élevées, et, laissant de côté ses premières conceptions, il se lança dans un tout autre ordre d'idées, exposant, dès 1841, la *Communion de la Vierge*; *Saint Pierre marchant sur les eaux*, qui lui valurent la médaille d'or.

Puis, chaque année, il attacha son nom à quelque grand tableau, puisant, par instant, ses sujets dans les événements actuels. C'est ainsi qu'après les journées de juin 1848, frappé de la mort héroïque de Monseigneur Affre, il crut ne pouvoir mieux rendre hommage à sa mémoire qu'en représentant, dans une magnifique toile qu'on voit dans la salle du chapitre de la cathédrale de Paris, l'archevêque mortellement blessé sur les barricades. L'idée était grande, généreuse, patriotique; la composition fut saisissante et touchante tout à la fois.

Plus tard, en 1861, il exposait un grand tableau figurant les *Massacres de Syrie*, peu de temps après les terribles incidents de la guerre de Palestine. C'était une page des plus émouvantes, où l'on sentait que le cœur avait guidé la main. L'âme tout entière du peintre était passée dans son ouvrage, et chacun des personnages de cette sanglante scène reflétait une pensée intime de son auteur.

Je ne finirais pas si je voulais indiquer toutes les manifestations du pinceau de M. Émile Lafon; les églises des Blancs-Manteaux, de Sainte-Élisabeth, de

Saint-Sulpice, Notre-Dame-de-Clignancourt, l'hôpital de Périgueux, l'église abbatiale de Brantôme, ont senti sur leurs murailles sa touche puissante et vigoureuse.

Au salon de 1874, il envoya trois portraits, merveilleux de ressemblance et de profondeur. Ses trois modèles étaient : M. de Tarrade, généreux bienfaiteur du musée de Tours, dont la figure, d'une bonhomie pleine de finesse, est d'un faire excellent, et a immédiatement exercé sur le public une attraction pleine de sympathie ; monseigneur Fruchaud, archevêque de Tours, très-large comme facture ; enfin, M. Veuillot, peut-être un peu rouge de ton, mais où chacun des traits de cette physionomie si vivante exprime bien les passions ardentes du polémiste unies au tempérament vigoureux de l'auteur des *Parfums de Rome* et des *Odeurs de Paris*. Dans ces trois œuvres, ce qui distingue surtout le talent de M. Lafon, c'est la préoccupation des caractères dominants du sujet et la négligence relative et raisonnée de ces mille détails qui n'occupent et ne doivent occuper qu'une place fort secondaire dans l'ensemble de la composition.

En parcourant la galerie des dessins, j'ai encore aperçu un petit fusain du même auteur : *La Sentinelle pontificale*, œuvre facile d'un peintre qui a des loisirs.

Il y a plus de variété dans son exposition de 1875 ;

les trois tableaux que nous avons de lui se composent seulement de deux portraits et d'un sujet emprunté à la Passion du Christ : *Le Baiser de Judas*. Peintre spiritualiste, M. Lafon n'est pas de cette école qui veut de l'art pour l'art. Le culte de la forme ne l'absorbe pas au point de négliger la pensée ou de ne l'admettre que pour donner une signification posthume aux lignes que le pinceau a tracées, et comme une sorte de légende qu'on place après coup au bas d'un tableau. Il pense d'abord, il exécute ensuite. Le pinceau pour lui n'est qu'un instrument, impuissant parfois à bien traduire l'émotion intérieure. Ainsi, dans le *Baiser de Judas,* on peut suivre pour ainsi dire toutes les phases par lesquelles a dû passer l'idée que voulait exprimer l'artiste, et on lit sur cette toile comme dans un livre ouvert. Ce brouillard rougeâtre qui enveloppe la personne du Christ, c'est comme un reflet précurseur des flammes qui s'élèveront plus tard du bûcher des martyrs. Le masque bas et perfide de Judas contraste énergiquement avec la figure divine du fils de Dieu. « Celui que je baiserai, c'est lui, arrêtez-le, » avait-il dit à l'escorte de gens armés envoyés par les princes des prêtres et les anciens du peuple ; et le disciple infidèle, s'approchant du Maître, lui donna le baiser de trahison. C'est bien avec ces mains crispées qu'on se représente Judas saisissant le Sauveur, comme une proie longtemps convoitée, comme le prix des trente pièces d'ar-

gent. Et quelle touchante opposition dans ce visage,
dans cette attitude de Jésus, si simple, si douce, si
calme en sa profonde tristesse ! Judas, c'est le traître
qui livre sa conscience, son maître ; Jésus, c'est le Dieu
de miséricorde qui pardonne à ses créatures. Magnifique inspiration du peintre, dont le tableau est de
ceux qui élèvent le niveau de l'art, et où les défaillances, s'il y en a, disparaissent devant la grandeur
du but !

Je suis bien embarrassé pour dire celui que je préfère des deux portraits exposés par M. Lafon. J'aime
beaucoup cette figure martiale et bienveillante tout
à la fois du vieux général comte de C... Debout, en
petite tenue de campagne, la croix de commandeur
suspendue au cou, le général regarde fièrement son
public. « Voilà un gaillard, disait-on derrière moi
dans ce langage familier qui plaît à la foule, voilà
un gaillard qui n'a pas froid aux yeux. » C'est bien
là l'expression franche du sentiment très-vif et très-
sincère qu'on éprouve à la vue de ce brave au front
dégarni, à la moustache grisonnante, et dont quelque impitoyable boulet a emporté le bras gauche.
Mais ce n'est pas tout, et je ne sais quel air de bonhomie est répandu sur l'ensemble de ce visage. Il y
a du père en même temps que du soldat dans cette
physionomie, et l'alliance de ces deux caractères, en
apparence si opposés, a été merveilleusement comprise et rendue par M. Lafon.

Quant au portrait du baron V..., faisons-en le signalement. C'est un jeune homme vêtu du costume d'officier de mobiles. La figure fine et délicate, éclairée de deux grands yeux bleus sympathiques, est encadrée dans une chevelure brune, abondante et soyeuse. Quel est ce jeune homme? Lieutenant de mobiles, il devait être de ceux que la Dordogne envoya sur les bords de la Loire pour protéger ce qui restait encore de la France contre les envahissements de l'étranger, et qui ont su accomplir cette chose si rare, et pourtant si simple pour les grandes âmes, pour les cœurs vigoureusement trempés : faire son devoir. Il n'est pas toujours donné au peintre de trouver les sujets que mérite son pinceau. Ici, peintre et modèle étaient dignes l'un de l'autre.

Deux toiles : le *Portrait du général Charette*, avec un fond représentant l'épisode du combat de Patay, et un *Saint Etienne*, sont signés : François Lafon. Ne serait-ce pas, par hasard, l'œuvre du fils de l'éminent artiste dont nous venons de parler? Nous sommes fort tenté de le croire, en considérant les tendances idéalistes qui se manifestent dans l'ensemble de la composition de ces deux tableaux. La main manque peut-être encore un peu de cette sûreté qui ne s'acquiert qu'avec le temps. Courage cependant! M. François Lafon est à bonne école pour progresser dans son art et apprendre la vraie peinture, la peinture spiritualiste.

Un autre Périgourdin, M. Parrot (d'Excideuil), après avoir débuté dans l'étude académique et les portraits, a fait, au salon de 1874, une excursion à travers la mythologie. Le *Jugement de Pâris,* qu'il a exposé, travaillé à grands traits, comme une tapis‑ serie, plaît à l'œil par un certain aspect archaïque et une coloration douce et délicate. Le beau Pâris a peut-être la figure un peu trop bonasse et paterne. Mais Vénus, une charmante qui n'est vêtue que de ses cheveux blonds, apparaît, avec son visage riant et gracieux, avec ses formes arrondies, comme la plus tendre et la plus aimable des amoureuses. A sa droite est Junon, dont le regard plein de fierté, l'attitude ferme et énergique, les gestes de colère, forment une très-vive opposition avec le maintien assez nonchalant de Vénus. A gauche se tient une Minerve un peu grosse, l'air passablement ennuyé, ce qui prête à croire que la sagesse absolue, éternelle, commence à lui peser. Je ne dis rien de Mercure : ce n'est qu'un figurant. Malgré de légères critiques, l'œuvre de M. Parrot renferme des qualités réelles, de la hardiesse, de l'inspira ion, de la grandeur. On ne peut que lui reprocher un peu d'exubérance de jeunesse ; et, malheureusement, cela se perd assez vite !

Le *Portrait de M.* *** est un tour de force dans la gamme des rouges, d'ailleurs très-réussi. Enfin, un *Portrait d'enfant,* qui semble pris sur le vif, est charmant de gentillesse, de fraîcheur et de naïveté.

La *Source*, qui date de 1875, se recommande par une grande vérité d'attitude, une coloration douce et fine, un accent très-mélancolique. A demi-couchée au fond d'une grotte, au milieu d'herbes humides et de roseaux, la jeune femme a la tournure languissante et vaporeuse d'une nymphe des eaux. La blancheur marmoréenne de son corps, aux formes si élégantes, se détache en clair sur un rocher noir, dont le contraste l'inonde de lumière. La figure est de face, et de ses yeux profonds et glauques s'échappe un long regard plein d'un attrait perfide, et dont la fascination semble propre à donner le vertige. L'eau attire et l'eau noie. La *Source* est bien un de ces êtres surnaturels tels que se plaisait souvent à en créer la féconde imagination des païens, pour déifier les puissances mystérieuses de la nature, et qu'ils aimaient à placer à la naissance des rivières et des fleuves. L'œuvre de M. Parrot révèle un très-vif sentiment de la beauté, de la grâce féminine; et la sincérité du dessin y est en harmonie avec la sobriété de la couleur.

Bien des peintres ont pu faire déjà le portrait de Mme Sarah Bernhart, mais aucun, en tout cas, n'a dû mieux réussir que M. Parrot à mettre en relief l'expression dramatique répandue sur le visage de cette grande artiste. Nous nous tromperons fort, ou cette toile ira se placer plus tard à côté des portraits de Mlle Mars et de Mlle Rachel, au foyer du Théâtre-Français.

Un dernier portrait du même auteur, celui de Mᵐᵉ X***, représente une femme coiffée selon la mode du premier Empire. Un corsage ouvert en carré laisse apercevoir une peau d'un blanc satiné, et de la guimpe rose s'échappent deux bras délicieusement potelés. La tête bien droite, vue de face, n'a cependant rien de raide ni de disgracieux ; les yeux pétillent d'esprit, les ailes du nez sont fines et délicates, et la bouche, toute mignonne, est pleine de séductions. Enfin une ombre légère, qui prend la moitié de la figure et se prolonge sur le cou, est très-réussie comme modelé. L'exposition de M. Parrot est donc louable de tous points et bien supérieure à celle qu'il nous offrait l'année précédente, où il semblait avoir forcé sa manière et dénaturé son talent.

Un peintre moins connu de nos compatriotes, parce qu'il a quitté Périgueux très-jeune et qu'il n'y est revenu qu'à de rares intervalles, c'est M. Legras, qui a exposé au Salon de 1874 deux toiles, intitulées *Aréthuse* et *Rosa*. Élève de Paul Delaroche, puis de Ary Scheffer, dont il devint l'ami et le compagnon, M. Legras a eu une enfance très-dure, et c'est à son énergie, à sa force de volonté, qu'il doit d'être devenu un peintre fort distingué. Sa première exposition date de 1844, et il faut attendre jusqu'en 1848 pour retrouver son nom sur les livrets. Que s'était-il donc passé dans cet intervalle ? M. Legras venait de se marier ; puis il avait commencé à connaître les douceurs de la paternité, et, tout entier à l'éducation de sa petite famille, il avait un peu négligé les beaux-arts. Aurons-nous le courage de l'en blâmer, quelque regret que nous en puissions éprouver ?

En 1848 il exposa le portrait de son vieux père, et chaque année apporta ensuite son contingent d'œuvres intéressantes et variées. En 1859, il envoya à l'exposition de Périgueux, dont l'organisation était due à son initiative, le *Retour des saintes femmes après l'ensevelissement*, qui eut un véritable succès et lui valut la médaille d'or. C'était la seconde qu'on lui décernait ; sa *Vierge consolatrice* (de 1857) lui en avait déjà mérité une.

Mais, quelle que soit la valeur artistique des nouvelles créations qu'il fit paraître depuis, quelle que soit l'impression calme, heureuse, qui se dégage de la vue de son *Aréthuse*, rien n'a encore pu dépasser le tableau du *Retour des saintes femmes* ; et, grâce à M. Magne, tout Périgueux peut contempler à présent dans l'église Saint-Georges cette œuvre d'un caractère si élevé, et qui rappelle, par bien des côtés, le pinceau d'Ary Scheffer.

Que de variété, que de nuances diverses on peut observer parmi toutes ces têtes charmantes de femmes, pour lesquelles tant de peintres ont épuisé les mille ressources de leur palette ! Combien il y a de manières différentes de traiter cette chose essen-

tiellement variable en son unité, la physionomie
humaine ! Nous admirions tout à l'heure, chez
M. Parrot, l'élégance, la distinction de la touche,
en même temps que la façon heureuse et habile dont
il savait disposer son modèle. Avec M. Legras, nous
sommes dans un autre ordre d'idées. Si la science
fait un peu défaut dans le portrait de Mme la marquise de B..., beaucoup d'excellents détails y révèlent une profonde et sérieuse étude. M. Legras est
très-consciencieux, et il n'a point de cesse qu'il n'ait
pénétré la pensée intime, cachée ; qu'il n'ait fouillé
en quelque sorte jusqu'à l'âme. A-t-il atteint la ressemblance ? Je n'en sais rien ; mais ce que je sais
bien, c'est qu'il était impossible de pousser plus loin
le sentiment de la simplicité exquise et la recherche
de l'individualité. Sous ses yeux si vivants et si
doux, il y a de la tristesse. Cette marquise de B...
est loin d'avoir l'aspect hautain, la morgue insolente,
qu'on serait tenté d'attribuer aux derniers rejetons
de cette vieille aristocratie de la naissance, à qui la
Révolution de 1789 a enlevé en grande partie la
puissance et la fortune. Sa toilette, sa coiffure, sont
d'une simplicité qui a bien sa noblesse, et rien dans
les ornements, dans les accessoires, n'a cette exagération, cette excentricité, aliment nécessaire d'une
curiosité malsaine. L'apparence même d'uniformité
dans la teinte générale est comme une image de la
gravité, du recueillement, qui ont dû présider à

l'exécution de ce portrait. L'effet est voulu, on le sent, on le devine; mais on n'a pas le droit de s'en plaindre, tant il y a de discrétion dans la manière dont M. Legras, tout en se préoccupant d'accuser sa pensée, cherche à concentrer l'attention.

Quant aux *Petits Dénicheurs*, deux enfants, l'un blond, l'autre brun, d'une carnation toute différente, ce sont deux jolies études de bambins éveillés, malins, avec ce délicieux sourire qui fait leur beauté.

Dans mes nombreuses promenades à la découverte de mes compatriotes, j'ai aperçu un tableau, assez mal placé d'ailleurs, très-haut et dans l'ombre, les *Renards de Samson*, qui est l'œuvre d'un jeune peintre à ses débuts, mais où l'on entrevoit déjà de sérieuses qualités et un véritable tempérament d'artiste. M. Dupuy (de Bergerac), c'est son nom, est élève de Gérome. Ses états de services artistiques ne datent pas encore de bien loin, C'est, il nous semble, en 1870, que, pour la première fois, il envoya au salon un petit tableau de genre intitulé : *Monsieur, Madame et Bébé*. L'idée était fort originale, et, quoique tirée d'un ouvrage de Gustave Droz alors fort en renom, elle n'en fut pas moins traitée avec infiniment de verve et d'entrain. La guerre survint, que fit M. Dupuy? Ce n'était plus de peinture qu'alors il s'agissait. Laissant là toiles, couleurs, palette, notre jeune peintre quitta le pinceau pour le fusil. Engagé volontaire, il alla rejoindre, à l'armée de la Loire, ceux de ses compatriotes qui défendaient pied à pied le sol de la patrie ravagée. A la bataille de Loigny, le pauvre garçon tomba grièvement blessé, et la médaille militaire, qu'il eut dès lors le droit de porter fièrement sur sa poitrine, montra à tous ceux qui le connaissaient que l'homme d'imagination, de poésie, était aussi, à l'heure du danger, un homme de cœur. La guerre terminée, M. Dupuy, modestement, sans bruit, sans tapage, revint à ses chères occupations, aux travaux de la paix. Il fit nombre de portraits, dont deux ont figuré très-dignement à l'exposition de Bordeaux en 1872, ainsi qu'un petit tableau de fleurs. Enfin, il a pu achever, pour le salon de cette année, sa toile des *Renards de Samson*.

Samson, presque aussi connu de nos jours que dans l'antiquité, grâce aux nombreux tableaux qu'a enfantés, dans la période contemporaine, et particulièrement à l'exposition des beaux-arts de cette année, le souvenir de ses hauts faits ; Samson, le terrible adversaire des Philistins, proposa un jour une énigme à ses ennemis, en les défiant de la deviner. Ceux-ci n'eurent rien de plus pressé que d'aller trouver la femme de Samson et de lui en demander l'explication. On sait que la femme, qui est un être charmant d'ailleurs, est aussi le plus souvent incapable de conserver un secret. Lafontaine, qui les connaissait assez bien, a dit :

Rien ne pèse tant qu'un secret :
Le porter loin est difficile aux dames.

L'indiscrétion fut donc commise, et Samson en conçut une si violente colère qu'il renvoya son épouse dans sa famille. Mais une plus grande injure était réservée au juge d'Israël. Il apprit, peu de temps après, que les propres parents de sa femme l'avaient donnée à un des jeunes Philistins qui avaient découvert le mot de l'énigme. C'est alors que, pour laver un tel affront, il inventa la fameuse vengeance qui a servi de thème au tableau de M. Dupuy. Il prit trois cents renards, les lia par la queue l'un à l'autre, leur attacha des torches enflammées, et les lâcha à travers les champs de blés des Philistins, dont les récoltes furent réduites en cendres.

Voilà le sujet : que dirons-nous de la traduction ? Samson, un genou en terre, saisit d'une main nerveuse les renards, instruments de sa vengeance. Ses yeux, étincelants de haine, se tournent d'un mouvement rapide du côté de la plaine des Philistins, qui commence à s'embraser. Tout en regrettant ici qu'une exécution un peu hâtée laisse certaines parties inachevées et à peine indiquées, on ne peut que louer néanmoins l'exubérance de la touche, l'abondance de la pâte, les mines variées et fort divertissantes des renards, et encourager le jeune peintre à persévérer dans une voie qui le mènera certainement au succès. M. Dupuy n'a pas obtenu de médaille du jury pour son tableau. Mais qu'importe cette fois-ci? La médaille qui brille sur sa poitrine en vaut bien une autre !

Il est un genre de peinture qui semble convenir plus particulièrement aux aptitudes naturelles de la femme, c'est la miniature. Pour être un bon miniaturiste, la première condition, c'est d'avoir une finesse, une délicatesse, qui ne se rencontrent que très-rarement chez les hommes, plutôt faits pour tout ce qui demande de la fougue, du jet, de l'énergie, de la puissance, que pour les œuvres qui exigent un soin extrême des moindres détails, un sentiment très-vif de la gradation presque insensible des nuances. On ne se doute pas de ce qu'il faut d'habileté de main, de justesse de coup d'œil, pour parvenir à exprimer les chairs à l'aide de teintes pointillées et superposées, et à quel degré de moelleux doivent arriver les draperies et les accessoires eux-mêmes, qui ne s'exécutent qu'avec de la gouache recouverte de hachures serrées et croisées.

Mlle Théa Ranvaud (de Nontron), élève de M. Liénard, s'était déjà fait remarquer, l'année dernière, par deux ravissantes têtes de jeunes filles, d'un fini, d'une délicatesse, d'un goût, qui la placent sur le même rang que le maître. Le salon de 1875 n'a pas été moins heureux, et les trois portraits qu'elle y a exposés prouvent que Mlle Rauvaud occupe dans le paradis des arts la place des élus.

Son *Lord Byron* se recommande par un cachet, une originalité, qui lui est propre. Le type légendaire de l'immortel auteur de *Childe Harold*, du *Corsaire,* de *Don Juan,* nous apparaît bien dans cette figure jeune, attristée, dans ce regard inspiré et rêveur. C'est bien lui, ce sublime orgueilleux, ce prince des proscrits,

> Lui, le grand inspiré de la Mélancolie,

dont l'âme désolée avait soif des eaux du Léthé, et qui, lassé de tout, cherchait la mort d'un héros comme un terme à son éternel ennui.

Dans le portrait de notre illustre compatriote, M. de Fourtou, les nuances presque imperceptibles de l'expression semblent saisies sur le vif et rendues avec un soin, un respect de la vérité, qui impressionnent fortement. Ici, au moins, sommes-nous certains de la ressemblance. Nous croyons revoir l'ancien ministre de l'intérieur du Maréchal de Mac-Mahon dans cette mémorable séance de l'Assemblée nationale où, de sa parole ferme et loyale, il sut défendre avec une si grande et si rassurante énergie les principes protecteurs de l'ordre contre les passions envahissantes de la démagogie. C'est bien le même air plein de franchise, et je retrouve jusqu'à l'éclair de ces yeux noirs qui pénétraient au fond

des consciences indécises et les forçaient de s'avouer
coupables et vaincues.

M. le marquis de Chennevières, directeur des
Beaux-Arts, a fait l'acquisition, pour le musée de
Périgueux, du portrait miniature de M. de Fourtou, œuvre doublement intéressante, puisqu'elle révèle à la fois le talent d'une de nos compatriotes et
est l'image fidèle d'une des plus hautes personnalités
de notre département.

Le dernier des trois médaillons exposés par
Mlle Ranvaud contient le portrait de la Comtesse de
Paris, qui n'est pas inférieur aux deux autres. La
peinture, chez Mlle Ranvaud, parle un langage plein
d'élégance, de souplesse, mais qui n'exclut ni la sincérité, ni la précision du dessin. Il est à supposer
que le jury, qui n'a pas encore décerné de médaille à
Mlle Ranvaud, aura négligé de regarder dans les galeries latérales de l'exposition tout ce qui concerne la
miniature, car il n'aurait pas manqué évidemment
d'être attiré par ce qu'il y a d'heureux, de facile,
d'achevé, de digne, en un mot, des plus légitimes
éloges, dans les œuvres de l'artiste nontronnaise. Et
nous préférons croire à une omission, plutôt qu'à un
déni de justice de sa part.

Nous avons à regret constaté l'absence au salon de
1875 de M. Bourdery (de Mussidan), qui avait auparavant attiré notre attention par deux jolis dessins
sur faïence : *Cupidon et Psyché,* d'après Jules Ro-

main, *La Rue de la Grosse-Horloge, à Rouen*, et par un dessin sur verre doré, *Un Guerrier*, d'après Salvator Rosa.

Depuis son joli buste de jeune fille, que nous avions remarqué dans la galerie de sculpture de 1874, M. Jean Vergnaud (d'Hautefort), élève de Jouffroy, a pris un repos que tout le monde aura trouvé trop long.

Mais, en revanche, deux nouveaux artistes périgourdins ont fait leur apparition cette année : M. Petit-Brégnat (de Mareuil-sur-Belle), et Mlle Vaux-Bidon (de Périgueux).

Les dessins de M. Petit-Brégnat représentent *M. et Mlle Legras,* un enfant et une jeune fille : ce sont deux charmants portraits, très-légers, très-veloutés comme crayon, et où la gentillesse de l'enfant et la grâce un peu plus sévère de la jeune fille ont été très-habilement interprétées.

Enfin, Mlle Vaux-Bidon nous offre, avec une peinture sur lave, l'*Entrée de Jésus à Jérusalem,* d'après H. Flandrin, remplie de personnages, rappelant assez la fresque, et d'une pâleur de coloris qui vise au style religieux sans l'atteindre complétement ; deux peintures sur porcelaine : le portrait d'un vieux monsieur, dont la figure douce et fine est un peu nuageuse et brouillée, et celui d'une gracieuse petite fille, tout à fait mignonne, avec son nœud bleu coquettement placé dans ses cheveux bouclés.

Et maintenant que ma tâche ou plutôt mon plaisir est achevé, je bénis l'occasion qui s'est présentée à moi d'ajouter ici quelques pages sur les manifestations contemporaines de la peinture périgourdine, et j'ai trouvé, durant ces quelques instants passés je dirai presque au milieu des miens, j'ai trouvé dans le charme indéfinissable des communications intimes une de ces joies, trop courtes, hélas! mais vives et profondes, semblables à ce bonheur qui faisait dire au poëte :

> J'en connais cependant de plus longue durée
> Que je ne voudrais pas changer pour celui-ci.

Georges Dufour.

TABLE DES MATIÈRES

3700 — Paris, imp. D. Jouaust, rue Saint-Honoré, 338